T0194784

essentials

Essentials liefern aktuelles Wissen in konzentrierter Form. Die Essenz dessen, worauf es als „State-of-the-Art" in der gegenwärtigen Fachdiskussion oder in der Praxis ankommt. Essentials informieren schnell, unkompliziert und verständlich.

- als Einführung in ein aktuelles Thema aus Ihrem Fachgebiet
- als Einstieg in ein für Sie noch unbekanntes Themenfeld
- als Einblick, um zum Thema mitreden zu können.

Die Bücher in elektronischer und gedruckter Form bringen das Expertenwissen von Springer-Fachautoren kompakt zur Darstellung. Sie sind besonders für die Nutzung als eBook auf Tablet-PCs, eBook-Readern und Smartphones geeignet.

Essentials: Wissensbausteine aus den Wirtschafts, Sozial- und Geisteswissenschaften, aus Technik und Naturwissenschaften sowie aus Medizin, Psychologie und Gesundheitsberufen. Von renommierten Autoren aller Springer-Verlagsmarken.

John F. Rauthmann

Grundlagen der Differentiellen und Persönlichkeitspsychologie

Eine Übersicht für Psychologie-Studierende

Springer

John F. Rauthmann
Institut für Psychologie
Abteilung Persönlichkeitspsychologie
Humboldt-Universität Berlin
Berlin
Deutschland

ISSN 2197-6708   ISSN 2197-6716 (electronic)
essentials
ISBN 978-3-658-10839-7   ISBN 978-3-658-10840-3 (eBook)
DOI 10.1007/978-3-658-10840-3

Die Deutsche Nationalbibliothek verzeichnet diese Publikation in der Deutschen Nationalbibliografie; detaillierte bibliografische Daten sind im Internet über http://dnb.d-nb.de abrufbar.

Springer

Gedruckt auf säurefreiem und chlorfrei gebleichtem Papier

Springer Fachmedien Wiesbaden ist Teil der Fachverlagsgruppe Springer Science+Business Media
(www.springer.com)

Vorwort

Dieses Buch möchte einen Überblick über eines der spannendsten Grundlagenfächer der Psychologie bieten: die Differentielle und Persönlichkeitspsychologie (DPP). Die DPP ist deshalb so faszinierend, weil sie viele interessante Fragen untersucht: Wer bin ich? Wie ticken andere? In welchen Punkten sind Menschen sich ähnlich, in welchen verschieden? Wie formen Gene und Umwelt Persönlichkeit? Wie verändert sich Persönlichkeit über die Lebensspanne hinweg?

Diese und viele weitere Fragen versucht die DPP zu beantworten. Daher ist sie ein breites Fachgebiet, was einen Überblick erschwert. Dennoch möchte dieses Buch es wagen, eine hoch kompakte Darstellung der *absolut essenziellen Grundlagen* der DPP in Ansätzen, Methoden und Forschungsgebieten zu vermitteln. Somit musste jeglicher Anspruch auf Vollständigkeit, Tiefe oder Voraussetzungslosigkeit aufgegeben und mancherorts Grundkenntnisse in Allgemeiner Psychologie, Methodenlehre, Statistik und Englisch (für Fachbegriffe) vorausgesetzt werden. Dafür bietet es aber Überblicksboxen, Abbildungen und Tabellen, die alles Wichtige auf einen Blick zusammenfassen.

Das Buch eignet sich v.a. für Studierende der Psychologie. Erstens lässt es sich – als Leitfaden – bereits *vor* Veranstaltungen zur DPP *vorbereitend* lesen, um sich einen ersten Überblick über das Fachgebiet zu verschaffen. Zweitens kann man es auch *ergänzend* oder *nachbereitend* zur Wiederholung benutzen, v. a. zu den „großen" DPP-Lehrbüchern.

Ich danke Frau Marion Krämer und Frau Anette Villnow von Springer für ihre Unterstützung und einen reibungslosen Ablauf. Jens Asendorpf, Wiebke Bleidorn und Manfred Schmitt danke ich für wertvolle Anregungen von FachvertreterInnenseite und Nick Modersitzki und Le Vy Phan von Studierendenseite.

Berlin, Mai 2015

Was Sie in diesem Essential finden können

- Einführung in die wichtigsten Grundlagen der DPP
- Zentrale Persönlichkeitsbereiche
- Ansätze der Persönlichkeitsforschung
- Aktuelle Forschungsfragen

www.tagxedo.com (vom Glossar aus Asendorpf und Neyer 2012)

Einleitung

Man könnte sagen, dass die Differentielle und Persönlichkeitspsychologie (DPP) ein *Kerngebiet* der Psychologie ist. Etymologisch leitet sich „Psychologie" aus dem altgriechischen ψυχή [*psukʰḗ*] ab, was „Hauch, Atem; Leben; Geist, Seele; Persönlichkeit" bedeutet.[1] So verwundert es nicht, dass Pioniere der Erforschung der menschlichen Psyche (z. B. Francis Galton, William James, Sigmund Freud) oft an stabilen Erlebens- und Verhaltenstendenzen – kurz: Persönlichkeit – interessiert waren. In der Tat beschäftigten sich viele der berühmtesten PsychologInnen aller Zeiten (Haggbloom et al. 2002) – wie z. B. Carl Rogers, Gordon Allport, Hans Eysenck oder Raymond Cattell – mit Persönlichkeit. Dementsprechend zeigen bibliometrische Analysen, dass Arbeiten zur DDP verstärkt zitiert werden (Allik 2013) und „im Herzen" von psychologischen Zitationsnetzwerken stehen (Yang und Chiu 2009). Dies passt zu Allports (1961) früher Behauptung, dass DPP-Wissen eine Grundlage für alle anderen psychologischen Disziplinen sein kann. Da Persönlichkeit etwas sehr Komplexes ist, muss die DPP ferner notwendigerweise integrativ und holistisch vorgehen, indem sie Erkenntnisse aus anderen Disziplinen (z. B. Philosophie, Anthropologie, Soziologie, Biologie) und psychologischen Fächern (z. B. Allgemeine, Biologische, Entwicklungs-, Sozialpsychologie) synthetisiert. Das wiederum macht die DPP für angewandt-psychologische Fragestellungen attraktiv (z. B. Personalauswahl, Führung, Marketing, Diagnostik, Forensik, Persönlichkeitsstörungen). Dies deckt sich auch damit, dass Persönlichkeit wichtige Konsequenzen und Lebensereignisse im persönlichen, beruflichen und sozialen Leben bedingt (z. B. Lernen in der Schule, Freundschaften, Berufswahl, Joberfolg, Attraktion, Partnerwahl, Beziehungsverhalten, Scheidung, Gesundheit, Langlebigkeit; Ozer und Benet-Martínez 2006; Roberts et al. 2007). Die DPP stellt daher ein zentrales, produktives und faszinierendes Kerngebiet der Psychologie dar.

---

[1] H. G. Liddell & R. Scott, *A Greek-English Lexicon*.

Inhaltsverzeichnis

Grundlegendes

1.1 Fachgebiet

Differentielle *und* Persönlichkeitspsychologie

„Differentielle Psychologie" und „Persönlichkeitspsychologie" werden im deutsch-sprachigen Raum meist synonym verwendet, obwohl sie theoretisch unabhängig voneinander sind. Psychologische Disziplinen lassen sich nämlich dahingehend unterscheiden (Schmitt und Altstötter-Gleich 2010), *was* sie beforschen (Phäno-mene) und *wie* sie es beforschen (Perspektiven). So befassen sich die Allgemeine und Differentielle Psychologie zwar beide mit Erleben und Verhalten, aber die Ers-tere fokussiert Gemeinsamkeiten für (fast) alle Personen, während Letztere Unter-schiede zwischen Personen oder Gruppen untersucht. Die Persönlichkeitspsycho-logie beschäftigt sich dagegen mit der Persönlichkeit. Obwohl man Persönlichkeit häufig darüber definiert, was Menschen voneinander unterscheidet (Abschn. 1.2), so könnte man Persönlichkeitspsychologie *allgemein-psychologisch* (z. B. Wie verändern sich Eigenschaftsausprägungen generell über die Lebensspanne?) oder *differential-psychologisch* (z. B. Welche Unterschiede gibt es in Veränderungen von Eigenschaftsausprägungen über die Lebensspanne?) betreiben. Jedoch wird die Persönlichkeitspsychologie meistens differential-psychologisch betrieben (Asendorpf und Neyer 2012) und bildet somit zusammen mit der Differentiellen Psychologie *eine* Disziplin, die DPP.

© Springer Fachmedien Wiesbaden 2016
J. F. Rauthmann, *Grundlagen der Differentiellen und Persönlichkeitspsychologie*, essentials, DOI 10.1007/978-3-658-10840-3_1

Differentielle und Persönlichkeitspsychologie
Die Differentielle und Persönlichkeitspsychologie erforscht Unterschiede in biologischen, psychologischen und sozio-kulturellen Strukturen und Prozessen (a) zwischen Personen oder Gruppen (*inter*individuelle Sichtweise) oder (b) innerhalb einer Person (*intra*individuelle Sichtweise) über die Zeit und/oder Situationen hinweg.

Die DPP und andere psychologische Disziplinen

Abbildung 1.1 zeigt, wie die DPP zentral im Kanon der gängigen psychologischen Grundlagen- (Biologische, Allgemeine, Sozial-, Entwicklungspsychologie) und Anwendungsdisziplinen (Diagnostische, Angewandte, Klinische Psychologie) positioniert werden kann und welche Themen an den jeweiligen Schnittpunkten wichtig sind. Diese Position scheint aus zwei Gründen gerechtfertigt:

• **Die DPP bedient sich des Wissens anderer Disziplinen.** Da sie eine differentialpsychologische Perspektive auf verschiedenste Phänomene wirft (Welche

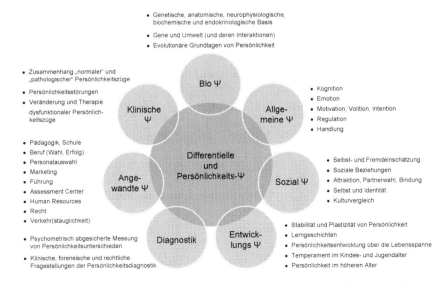

Abb. 1.1 Die DPP und andere Disziplinen (Ψ = Psychologie). (Quelle: Eigene Darstellung)

Unterschiede gibt es?), muss sie sich notwendigerweise anderer Disziplinen (z. B. Sozialpsychologie) bedienen. Andererseits muss sie auch möglichst integrativ vorgehen, um etwas so Komplexes wie Persönlichkeit zu erforschen. Daher kann die DPP ein Bindeglied zwischen den Disziplinen sein.

- **Die DPP liefert Wissen für andere Disziplinen.** Das Wissen um Persönlichkeit und individuelle Unterschiede kann für andere Disziplinen dienlich sein und dort angewandt werden (z. B. Diagnostik).

1.2 Grundbegriffe

Gewisse Begriffe kommen immer wieder in der DPP vor. Es ist wichtig, diese zu kennen und auseinanderzuhalten – v. a. da sie im Alltag nicht im wissenschaftlichen Sinne und manchmal synonym gebraucht werden.

Grundbegriffe

Persönlichkeit
- Gesamtheit und Organisation von relativ stabilen Tendenzen/Mustern des Erlebens und Verhaltens innerhalb einer Person, die sie kennzeichnen (und von anderen Personen unterscheiden)
- Dynamisches System, das Regelmäßigkeiten im Erleben und Verhalten einer Person hervorbringt

Merkmal
- Unspezifischer Sammelterm für alle möglichen Personenvariablen (z. B. Dispositionen, Temperament)

Disposition
- Merkmale, die über die Zeit und Situationen hinweg relativ stabil sind und zwischen Personen variieren
- Muster des Erlebens und Verhaltens, das sich in gewissen Situationen (mit erhöhter Wahrscheinlichkeit) manifestiert

Temperament
- Sehr früh in der Kindheit beobachtbare Merkmale, die sich im Laufe der Entwicklung ausdifferenzieren
- Stilistische Verhaltensmerkmale (d. h. *wie* sich jemand verhält)

Charakter
- Umgangssprachlich und in veralteten Ansätzen als Synonym für „Persönlichkeit" verwendet
- Neuerdings im englischsprachigen Raum benutzt, um Tugenden zu umschreiben (*character traits*)

(Persönlichkeits-)Typ
- Relativ homogene Gruppe von Personen, die ähnliche Ausprägungen auf einem oder mehreren Merkmalen (= Profil) besitzen
- Relativ abstraktes Merkmal, welches verschiedene Einzelmerkmale umfasst

Meistens, aber nicht immer, finden in der DPP Merkmale mit folgenden Attributen Beachtung (Asendorpf und Neyer 2012):

- **Stabilität:** Merkmale können relativ stabile Eigenschaften (*traits*) oder momentane Zustände (*states*) beschreiben.

Beispiel

Die Persönlichkeitspsychologie untersucht Ängstlichkeit (= stabile Tendenz, schnell oder intensiv Angst zu verspüren), aber nicht Angst (= momentanes Gefühl). Die Differentielle Psychologie kann auch an Unterschieden zwischen Menschen in momentaner Angst interessiert sein.

- **Referenzialität:** Merkmalsausprägungen können nur dann individuelle Besonderheiten anzeigen, wenn sie zwischen Personen variieren und *in Bezug* zu einer Referenzpopulation (gleichen Alters und Geschlechts in derselben Kultur) gestellt werden.

Beispiel

Ängstlichkeitswerte sollten in einer Population vergleichbarer Personen (z. B. 18- bis 20-jährige Männer) variieren. Nur dann kann man den Ängstlichkeitswert einer einzelnen Person *in Bezug* zu der jeweiligen Norm (aus der Referenzgruppe) setzen (Ist der Wert unterdurchschnittlich, durchschnittlich oder überdurchschnittlich?).

- **Non-Pathologie:** Sowohl die Merkmale selbst als auch deren Ausmaße sind non-pathologisch definiert und somit nicht als klinisch relevant einzustufen.

Beispiel

Ängstlichkeit sollte eine Normalvariante darstellen und nicht pathologisch sein (z. B. Phobie).

1.3 Fragestellungen

Wie die meisten psychologischen Disziplinen möchte auch die DPP *beschreiben, erklären* und *vorhersagen. Modifizieren* von Persönlichkeit ist zwar kein dezidiertes Ziel, aber die DPP untersucht u. a. Prozesse der Persönlichkeitsentwicklung, welche Aufschluss über die Plastizität von Eigenschaften liefern (Abschn. 6.2).

Beschreibung: Wie kann man individuelle Unterschiede beschreiben? Die DPP versucht, kohärente Systeme (Taxonomien) zu finden, um die Fülle an individuellen Unterschieden zwischen Menschen zu organisieren (Kap. 3). Daneben möchte sie auch „Persönlichkeit" in ihrer ganzen Komplexität erfassen (Kap. 2).

Erklärung: Wie und warum kommen individuelle Unterschiede zustande? Die DPP versucht, ultimate und proximate Gründe für Unterschiede zwischen Menschen zu finden. Ultimate Gründe liegen in unserer Phylogenese (Evolution), proximate in unserer Ontogenese (Entwicklung über die Lebensspanne). Proximate Gründe können dabei biologisch (z. B. Gene) oder umweltlich (z. B. Familie) sein (Kap. 5).

Vorhersage: Was können individuelle Unterschiede vorhersagen? Die DPP versucht, Vorhersagen über (individuelle Unterschiede in) Erleben und Verhalten zu treffen. Dabei soll Persönlichkeit verschiedene Erfahrungen und Lebensereignisse von Menschen vorhersagen können (Abschn. 6.1).

Grundlegende Forschungsstränge

Nach Stern (1911) kommen der Differentiellen Psychologie vier Forschungsstränge zu (Abb. 1.2):

Sterns Schema
Nomothetisch (variablenorientiert):
- Variationsforschung
- Korrelationsforschung

Idiographisch (personenorientiert):
- Psychographie
- Komparationsforschung

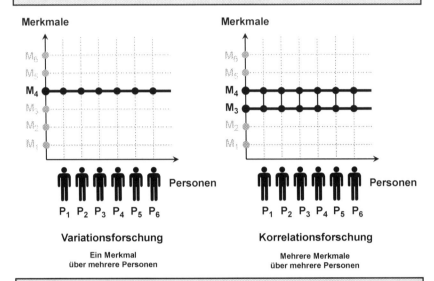

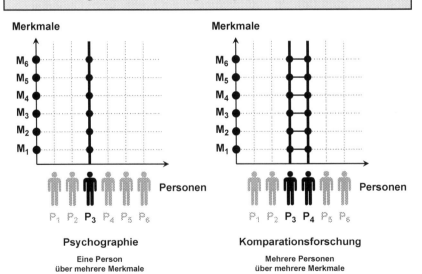

Abb. 1.2 Sterns Forschungsstränge. (Quelle: Eigene Darstellung (nach Stern 1911))

Variationsforschung

Ein Merkmal wird an verschiedenen Personen untersucht. Es geht um die *Variation des Merkmals* in einer Population (= interindividuelle Unterschiede), und man ist an Mittelwerten und Standardabweichungen interessiert. Merkmalsvariationen sind für die Diagnostik wichtig, v. a. wenn Verfahren normiert werden müssen.

> **Beispiel**
>
> Der Mittelwert und die Streuung von Intelligenzwerten in einer Population kann von Interesse sein (v.a. für die Diagnostik). Intelligenzquotienten (IQ) werden z. B. auf einen Mittelwert von 100 mit einer Standardabweichung von 15 normiert.

Korrelationsforschung

Zwei (oder mehrere) Merkmale werden an verschiedenen Personen untersucht. Somit kann man *Interkorrelationen zwischen Merkmalen* in einer Population bestimmen (Welche Merkmale hängen zusammen?). Mit Faktorenanalysen (datenreduzierende Analysemethoden, welche mehrere Variablen anhand ihrer Interkorrelationen zugrunde liegenden Dimensionen zuordnen) werden z. B. Eigenschaftstaxonomien gewonnen (Abschn. 3.2). Diese bestehen aus Faktoren, welche sich aus den Interkorrelationen vieler verschiedener Variablen ergeben.

> **Beispiel**
>
> Die Merkmale „gesellig", „kommunikativ" und „fröhlich" sind positiv interkorreliert und zählen zu dem Faktor „Extraversion".

Psychographie

An einer Person werden mehrere Merkmale untersucht, und es ergibt sich ein *Merkmalsprofil* für die Person. Da der Einzelfall im Fokus steht, handelt es sich um einen idiographischen Ansatz. Ein Merkmalsprofil kann für angewandte Fragestellungen (z. B. Personalauswahl) Verwendung finden; z. B. kann ein Beweberprofil mit einem Idealprofil einer Arbeitsstelle in Verbindung gesetzt werden.

Beispiel

Die Ausprägungen der Merkmale „gesellig", „kommunikativ" und „fröhlich"
bilden ein Profil für eine Person.

Komparationsforschung

An zwei (oder mehreren) Personen werden mehrere Merkmale untersucht. Somit
kann man Personen *bzgl. ihren jeweiligen Merkmalsprofilen vergleichen*. Es handelt sich zwar auch um einen idiographischen Ansatz, jedoch steht hier der Einzelfall nicht im Vordergrun, da mehrere Personen miteinander verglichen werden.
Personen mit ähnlichen Merkmalsprofilen lassen sich auch zu Personengruppen
zusammenschließen (mittels einer Clusteranalyse).

Beispiel

Personen mit ähnlich (hohen) Ausprägungen auf den Merkmalen „gesellig",
„kommunikativ" und „fröhlich" sind sich ähnlich und bilden die Personengrup-
pe „Extravertierte".

Datenwürfel: Personen – Merkmale – Messzeitpunkte

„Merkmale" können in Sterns Schema sowohl momentane Zustände (*states*) als
auch stabile Tendenzen (*traits*) beschreiben. Da die DPP häufig an dem Ausmaß der Stabilität von Erleben und Verhalten interessiert ist (Abschn. 1.2), kann
man Sterns Schema mit den zwei Modalitäten „Personen" und „Merkmale" um
„Messzeitpunkt" (MZ = Situation, Zeit) erweitern (s. Cattells 1952 „Datenwürfel":
Abb. 1.3). Dies erlaubt es, Personen und Merkmale über MZ hinweg zu betrachten
und verschiedene Arten bivariater Korrelationen zu benutzen (Abb. 1.3).

Hauptfragestellungen

Differenzierter als Stern und auf mehrere Jahre Forschung in der DPP aufbauend
benennt Pawlik (1996) *sieben Hauptfragestellungen der DPP*, die in diesem Buch
kurz in verschiedenen Kapiteln angeschnitten werden.

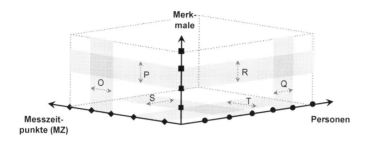

Korrelation wofür?	Technik	Was wird korreliert?	Ergebnis: Ähnlichkeit …
Variablen	P	2 Merkmale über alle MZ für eine Person	zweier Variablen bzgl. ihrer Variation über alle MZ bei einer Person
	R	2 Merkmale über alle Personen bei einem MZ	zweier Variablen bzgl. ihrer Variation über alle Personen an einem MZ
Personen	Q	2 Personen über alle Merkmale an einem MZ	zweier Personen bzgl. ihrer Merkmalsprofile bei einem MZ
	S	2 Personen über alle MZ für ein Merkmal	zweier Personen bzgl. ihrer Variation über alle MZ auf einem Merkmal
Messzeitpunkte (MZ)	O	2 MZ über alle Merkmale für eine Person	zweier MZ bzgl. ihrer Merkmalsprofile bei einer Person
	T	2 MZ über alle Personen für ein Merkmal	zweier MZ bzgl. ihrer Variation über alle Personen auf einem Merkmal

Abb. 1.3 Datenwürfel. (Quelle: Eigene Darstellung (nach Cattell 1952))

7 Hauptfragestellungen
- **Differential-psychologische Methodenentwicklung**
  - *Diagnostik*: Methodik und Verfahren zur Erfassung (= Beobachtung, Beschreibung, Untersuchung) von Persönlichkeit und individuellen Unterschieden (Abschn. 2.1)
  - *Evaluation*: Untersuchung psychometrischer Gütekriterien von Verfahren (Abschn. 2.2)
- **Merkmalsbezogene Variationsforschung**
  - *Gegenstandsbestimmung*: Untersuchung, in welchen Gebieten des Erlebens und Verhaltens intra- und interindividuelle Unterschiede bestehen (Kap. 3)

- *Variabilität*: Schätzung relativer Anteile von rein zustandsbezogener intraindividueller Varianz (*states* innerhalb einer Person) und rein eigenschaftsbezogener interindividueller Varianz (*traits*)
- **Personenbezogene Variationsforschung**
  - Suche nach Personengruppen (*Personentypologien*), in denen Personen untereinander ähnlich hinsichtlich Erlebens- und Verhaltenstendenzen sind, aber unterschiedlich gegenüber Personen aus anderen Personengruppen (Abschn. 3.2)
- **Differentialpsychologische Kovariationsforschung**
  - *Korrelate*: Ermittlung von Korrelaten bestimmter Merkmale (d. h. welche Merkmale wie stark zusammenhängen)
  - *Strukturen*: Ermittlung von Taxonomien gewisser Merkmalsbereiche, wenn Interkorrelationen sehr vieler Merkmale auf zugrunde liegende Dimensionen mittels mathematisch-statistischer Verfahren (Faktorenanalyse) reduziert werden (Kap. 3)
- **Differentialpsychologische Kausalforschung**
  - *Prozesse*: Ermittlung von biologischen, kognitiven, affektiven und motivationalen Prozessen und Mechanismen, die Persönlichkeit und individuellen Unterschieden zugrunde liegen (Abschn. 3.3)
  - *Determinanten*: Suche nach biologischen und umweltlichen Faktoren, die die Genese, Manifestation, Ausprägung, Entwicklung und Funktion von Persönlichkeit „steuern" (Kap. 5)
  - *Prädiktoren*: Ermittlung, welche Merkmale mit welchen Konsequenzen im privaten, beruflichen und sozialen Leben einhergehen (Abschn. 6.1)
- **Differentialpsychologische Konsistenzforschung**
  - Ermittlung verschiedener Arten von *Stabilität/Konsistenz* sowie deren jeweiliges Ausmaß und Bedeutung für die Person-Situation-Debatte (Abschn. 1.4, 6.2)
- **Theoretische Differentialpsychologie**
  - Bilden von (möglichst holistischen) *Persönlichkeitstheorien* (Kap. 4)

1.4   Kontroversen

In der philosophischen und wissenschaftlichen Auseinandersetzung mit Persönlichkeit kam es immer wieder zu gewissen Kontroversen. Diese können letztlich nicht ganz geklärt werden, schärfen aber das Verständnis für den Umgang mit Persönlichkeit als Forschungsgebiet. Sie hatten nämlich Auswirkungen darauf, wie man Persönlichkeit definiert, erfasst und erklärt.

6 Kontroversen
* Nomothetik – Idiographik
* Person – Situation
* Anlage – Umwelt
* Stabilität – Veränderung
* Struktur – Prozess
* Innensicht – Außensicht

Nomothetik – Idiographik

Sollen Daten und Ergebnisse allgemeine Gültigkeit besitzen (d. h. sich generalisieren lassen) oder nur für einen Einzelfall gelten? Nomothetische Ansätze sind variablenorientiert und wollen – auf der Ebene von Gruppen bzw. Populationen – allgemeingültige, generalisierbare Aussagen treffen. Idiographische Ansätze sind personenorientiert und wollen – auf der Ebene von einzelnen Individuen – einen konkreten Einzelfall durchdringen. Beide Ansätze haben jeweils Vor- und Nachteile, und i. A. ist eine Integration beider möglich und erstrebenswert.

Person – Situation

Eine immer wieder aufkeimende Debatte betrifft den relativen Anteil von Persönlichkeit und Situationen an der Manifestierung von Verhalten. Für die DPP ist es wichtig, dass sich Regelmäßigkeiten im Verhalten durch Persönlichkeit vorhersagen lassen. In der Forschung zu Stabilität (Abschn. 6.2) konnte gezeigt werden, dass *sowohl* Persönlichkeit *als auch* Situationen Verhalten vorhersagen (vgl. transaktionistische Theorien; Abschn. 4.4).

Anlage – Umwelt

Eng mit der Kontroverse um Person versus Situation verbunden ist die Debatte um die relativen Anteile von Genen (*nature*) und Umwelt (*nurture*) in der Herausbildung von Persönlichkeit. Heute geht man davon aus, dass Anlage *und* Umwelt komplex zusammenspielend Persönlichkeit beeinflussen (Kap. 5).

Stabilität – Veränderung

Die Definition von „stabilen" Merkmalen scheint Veränderung auszuschließen. Die DPP geht aber von keiner perfekten Stabilität aus, da diese rigide und pathologisch wäre; Persönlichkeit wird sogar als plastisch und formbar angesehen, aber eben mit zumindest mittelfristig stabilen Tendenzen (d. h. Monate und wenige Jahre), die sich nur langsam ändern (lassen). Das Forschungsgebiet der Persönlichkeitsentwicklung (Abschn. 6.2) untersucht Stabilität *und* Veränderung über die Lebensspanne.

Struktur – Prozess

Ein großer Teil der DPP ging strukturorientiert vor, d. h., es sollten abstrakte Eigenschaften (und deren Organisation in Taxonomien) untersucht werden (Abschn. 3.2). Solche Forschung ist eher beschreibend („Was gibt es alles?") und nomothetisch ausgerichtet. Im Kontrast dazu gibt es aber auch prozessorientierte Forschung, die kognitive, affektive, motivationale und regulatorische Mechanismen betrachtet, die Eigenschaften zugrunde liegen („Wie funktionieren sie? Wie und warum laufen sie ab?"). Solche Forschung ist eher erklärend und kann sowohl nomothetisch als auch idiographisch betrieben werden. Obwohl strukturelle und prozesshafte Sichtweisen lange nebeneinander existierten, sind sie mittlerweile integriert (Fleeson 2001, 2012).

Innensicht – Außensicht

Ist Persönlichkeit etwas, das eine Person für sich konstruiert (Innensicht), oder eine soziale Reputation, die andere Personen über eine Person formen (Außensicht)? Die Beantwortung dieser Frage hat Konsequenzen für die Wahl von Datenquellen zur Messung von Persönlichkeit (Abschn. 2.1). Für die Innensicht-Position sind Selbstberichtsverfahren das Maß der Dinge („Die Person selbst als ExpertIn ihrer eigenen Persönlichkeit"). Für die Außensicht-Position sind Fremdberichtsverfahren aussagekräftiger, und Prozesse der Persönlichkeitseinschätzung (Abschn. 6.3) sind wichtig. Es wurde gezeigt (Vazire 2010), dass bei schwer beobachtbaren Eigenschaften (z. B. Ängstlichkeit) eine Innensicht und bei leicht beobachtbaren sowie sozial erwünschten Eigenschaften (z. B. Intellekt) eine Außensicht günstiger ist.

Um Persönlichkeit beschreiben, erklären und zur Vorhersage anderer Variablen benutzen zu können, müssen geeignete Messmethoden vorhanden sein. Somit sind Entwicklung und Auswahl von Messverfahren auch Ziele der DPP.

2.1 Datenquellen

Merkmale lassen sich nicht direkt beobachten; sie sind so genannte Konstrukte, die erst messbar gemacht werden müssen. Man muss daher operationalisieren, welche manifesten Indikatoren zur Messung verwendet werden können (Abb. 2.1). Für jedes Merkmal gibt es eine Vielzahl von Indikatoren, die es messbar machen könnten. Diese lassen sich durch Datenquellen anzapfen: den „BIOPSIES" (Verhalten, indirekte Maße, Beobachtung, physiologische Daten, Einschätzungen von Fremden oder Bekannten, ambulatorische Erhebungen, Selbstberichte; Abb. 2.1), wenn man deren englischen Begriffe nimmt. Die Datenquellen sind für unterschiedliche Indikatorbereiche einer latenten Variable unterschiedlich gut geeignet (Abb. 2.1): die so genannten ABCDs Affect, Behavior, Cognition, Desire (Wilt und Revelle 2015).

Beispiel

Das Konstrukt „Extraversion" kann über *Affect* (fröhlich sein), *Behavior* (sich kommunikativ verhalten), *Cognition* (optimistisch denken) und *Desire* (abenteuerhungrig sein) definiert werden. Diese ABCDs können dann über verschiedene Datenquellen (die BIOPSIES) messbar gemacht werden.

© Springer Fachmedien Wiesbaden 2016
J. F. Rauthmann, *Grundlagen der Differentiellen und Persönlichkeitspsychologie,*
essentials, DOI 10.1007/978-3-658-10840-3_2

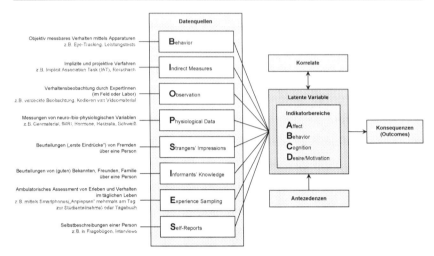

Abb. 2.1 Messung eines Konstrukts und dessen nomologisches Netzwerk.
(Quelle: Eigene Darstellung)

Ein Konstrukt (z. B. Extraversion) kann in ein sog. *nomologisches Netzwerk* (Cronbach und Meehl 1955) eingebettet werden, um ein besseres Verständnis dafür zu bekommen, mit welchen Variablen es zusammenhängt. Dabei lassen sich generell drei Klassen „nomologischer Variablen" unterscheiden (Abb. 2.1):

- *Antezedenzen:* sagen das Konstrukt voraus
- *Korrelate:* korrelieren mit dem Konstrukt (zeitgleich)
- *Konsequenzen:* werden durch das Konstrukt vorausgesagt

2.2 Psychometrie

Die DPP, Methodik und Diagnostik sind eng miteinander verwoben. Die DPP beschäftigt sich mit systematischen interindividuellen Unterschieden, weshalb sie auf Methoden angewiesen ist, die systematische (bedeutungsvolle) von unsystematischer (zufälliger) Varianz trennen können (vgl. Messfehler in der Testtheorie). Ferner müssen Persönlichkeitsmerkmale den gängigen psychometrischen Gütekriterien genügend erfasst werden. In der Tat entwickelte sich die DPP z. T. aus dem praktischen Problem heraus, wie man Persönlichkeit erheben sollte, um z. B. angemessene Entscheidungen in der Personalauswahl zu treffen (Pawlik 1996). Damit diagnostische Prozesse nicht willkürlich ablaufen und Persönlichkeit möglichst gut erhoben wird, haben sich psychometrische Gütekriterien durchgesetzt (s. Bühner 2010 für eine Zusammenfassung von Haupt- und Nebengütekriterien). Persönlichkeitsdiagnostische Verfahren müssen v. a. die Hauptgütekriterien der Reliabilität und Validität erfüllen.

Reliabilität und Validität

Reliabilität: Wie genau wird gemessen?

- *Interne Konsistenz:* Korrelieren die Items der Skala hoch miteinander?
- *Retest-Reliabilität:* Korrelieren Messwerte zu Zeitpunkt 1 hoch mit denen von Zeitpunkt 2?

Validität: Was wird gemessen?

- *Inhaltsvalidität:* Repräsentieren Items das Konstrukt hinreichend?
- *Konvergente Konstruktvalidität:* Korreliert die Skala substanziell mit Skalen, die das gleiche Konstrukt erheben?
- *Divergente Konstruktvalidität:* Korreliert die Skala nicht oder nur wenig mit Skalen, die ein anderes Konstrukt erheben?
- *Kriteriumsvalidität:* Sagt die Skala zurückliegende (retrospektiv), momentane (konkurrent) oder zukünftige (prädiktiv, prospektiv) Konsequenzen voraus, evtl. sogar besser als eine andere Skala (inkrementell), die das gleiche Konstrukt misst?

In Anlehnung an McAdams und Pals (2006) lassen sich vier Persönlichkeitsbereiche unterscheiden (Abb. 3.1): Morphologie, Dispositionen, Adaptationen, Narrative. In jedem Bereich gibt es nochmals Subbereiche (und spezifische Taxonomiesysteme), und Übergänge zwischen Bereichen und Subbereichen können fließend sein. Morphologie und Dispositionen umschreiben Merkmale, die evolutionär und biologisch gesehen artspezifisch für Menschen sind. Auf diesen generellen Merkmalen bauen charakteristische Adaptationen auf, die im Laufe des Lebens durch Einflüsse von Umwelt, sozialen Beziehungen und Kultur ausgebildet werden. Jede Person gestaltet aber auch ihr eigenes Leben und bildet somit ihre einmalige Identität und Autobiografie (Narrative) aus.

3.1 Morphologie

Individuelle Unterschiede in (a) Genetik und Genexpression; (b) Zellstrukturen, Neurotransmittern und Hormonen; (c) Anatomie; (d) biologischem Geschlecht und (e) dem Aussehen (z. B. Körperbau, physische Attraktivität) können unter dem Sammelbegriff „Morphologie" zusammengefasst werden. Solche morphologischen Merkmale sind:

- biologisch
- mit geeigneter Apparatur direkt beobachtbar (d. h. keine latenten Variablen) und gut quantifizierbar
- eine biologische Basis v. a. für Dispositionen, aber auch für Adaptationen und Narrative

© Springer Fachmedien Wiesbaden 2016
J. F. Rauthmann, *Grundlagen der Differentiellen und Persönlichkeitspsychologie*,
essentials, DOI 10.1007/978-3-658-10840-3_3

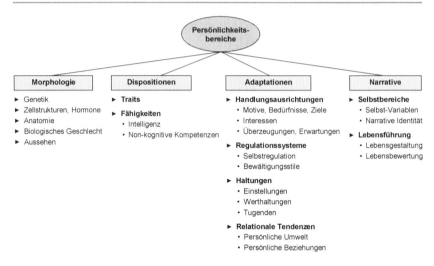

Abb. 3.1 Persönlichkeitsbereiche. (Quelle: Eigene Darstellung)

3.2 Dispositionen

Dispositionen basieren auf biologischen Strukturen, sind aber auch über die Lebensspanne durch sozio-kulturelle Einflüsse (z. B. Beziehungen zu anderen Personen) formbar. Im Gegensatz zu morphologischen Merkmalen sind sie latente Variablen, die nicht direkt beobachtet, aber durch die Erhebung von manifesten Indikatoren erfasst werden können (2.1).

Traits

Der Trait-Begriff geht v. a. auf Allport (1937) zurück. Für ihn war ein Trait ein neurophysiologisch verankertes Merkmal, das gewisse *Regelmäßigkeiten im Erleben und Verhalten* hervorbrachte. Heutzutage wird der Trait-Begriff sehr unterschiedlich gebraucht (Abb. 3.2). Gegenwärtig besteht ein Trend zu dispositional-konditionalen und funktionalistisch-prozessualen Positionen, wobei die Begriffsschulen neuerdings vermischt und integriert werden (z. B. Fleeson 2012).

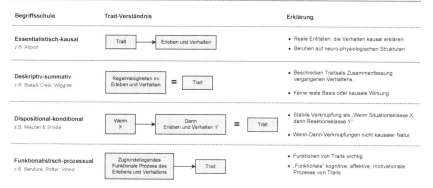

Begriffsschule	Trait-Verständnis	Erklärung
Essentialistisch-kausal z. B. Allport	Trait → Erleben und Verhalten	• Reale Entitäten, die Verhalten kausal erklären • Beruhen auf neuro-physiologischen Strukturen
Deskriptiv-summativ z. B. Buss& Craik; Wiggins	Regelmäßigkeiten im Erleben und Verhalten = Trait	• Beschreiben Traits als Zusammenfassung vergangenen Verhaltens • Keine reale Basis oder kausale Wirkung
Dispositional-konditional z. B. Mischel & Shoda	Wenn X → Dann Erleben und Verhalten Y = Trait	• Stabile Verknüpfung als „Wenn Situationsklasse X, dann Reaktionsklasse Y" • Wenn-Dann-Verknüpfungen nicht kausaler Natur
Funktionalistisch-prozessual z. B. Bandura; Rotter; Wood	Zugrundeliegendes Funktionale Prozess des Erlebens und Verhaltens → Trait	• Funktionen von Traits wichtig • „Funktionale" kognitive, affektive, motivationale Prozesse von Traits

Abb. 3.2 Begriffsverständnisse von Traits. (Quelle: Eigene Darstellung)

Der Begriff „Temperament" (Strelau und Angleitner 1991) wird häufig verwendet für Merkmale, die …

- früh in der Kindheit auftreten und sich ins spätere Kindes- und Jugendalter hinein erstrecken
- eine starke genetische und physiologische Basis aufweisen
- eher die Stilistik (das „Wie") des Verhaltens als den Inhalt (das „Was") betonen
- auf den „drei As" *Affekt, Aktivierung, Aufmerksamkeit* beruhen (Asendorpf 2011)

Temperamenteigenschaften sind v. a. bei Kleinkindern und Jugendlichen erforscht und fungieren als „Basis" für Persönlichkeitseigenschaften im Erwachsenenalter (z. B. Big Five). Es gibt verschiedene Taxonomien von Temperamenteigenschaften (Taxonomien), aber meistens finden sich drei Dimensionen (Revelle 1995):

- Initiierung von Verhalten (*approach*)
- Hemmung von Verhalten (*inhibition, avoidance*)
- Aggression

Die meisten Eigenschaftstaxonomien für das Erwachsenenalter basieren auf der *lexikalischen Hypothese* (Allport und Odbert 1936; Goldberg 1990; Wood 2015), dass sich wichtige Eigenschaftsbegriffe zur Beschreibung der eigenen Person sowie anderer Personen in der Sprache (v. a. als Adjektive) enkodiert haben. Dann gilt es, eine sparsame Taxonomie zu entwickeln, die wichtige Eigenschaftsdimensionen (und deren Relationen zueinander) organisiert.

---

5 Schritte im lexikalischen Vorgehen für Trait-Taxonomien

(1) Extraktion von (wichtigen) Eigenschaftswörtern aus dem Lexikon
(2) Linguistische Bereinigung der Liste: Ausschluss von …
    (a) Synonyma
    (b) Sehr seltenen und ungebräuchlichen Wörtern
    (c) Fremdwörtern und Fachbegriffen
(3) Optional: Semantische Bereinigung durch Ausschluss von …
    (a) Morphologischen Merkmalen (z. B. Aussehen)
    (b) Kognitiven Fähigkeiten (z. B. Intelligenz)
    (c) Adaptationen (z. B. Werte)
    (d) Evaluativ positiv vs. negativ konnotierte Wörter mit hoher sozialer Erwünschtheit
(4) Selbst- und Fremdberichte zu den Wörtern einholen (Ratings auf Likert-artigen Antwortskalen)
(5) Faktorenanalysen der Berichtsdaten (Reduzierung auf wenige latente Faktoren)

Aus dem lexikalischen Ansatz gewonnene Persönlichkeitsfaktoren fassen *alltagspsychologisch wichtige Persönlichkeitsunterschiede* knapp zusammen. Die resultierenden Taxonomien sind häufig *hierarchisch* aufgebaut (Costa und McCrae 1992; DeYoung et al. 2007; Digman 1997; Musek 2007), absteigend von sehr abstrakt bis sehr konkret:

- Meta-Faktoren (*super-factors, meta-traits*)
- Domänen (*domains*)
- Aspekte (*aspects*)
- Facetten (*facets*)

Die bekannteste und einflussreichste Taxonomie fasst die *Big Five Eigenschaften* zusammen (vgl. John und Srivastava 1999; Tab. 3.1, Abb. 3.3). Daneben gibt es auch andere Taxonomien, die sich in Anzahl, Namen und Natur der zentralen Faktoren unterscheiden (Taxonomien), wie z. B. das HEXACO-Modell (Ashton und Lee 2007), das zusätzlich zu den Big Five noch den 6. Faktor *Honesty/Humility* (Ehrlichkeit/Bescheidenheit) zählt. Ferner kann man aus den Big Five die Big Two Meta-Faktoren *Stabilität* und *Plastizität* ableiten, die ihrerseits auf einem sehr abstrakten p-Faktor (Big One) reduziert werden können (Abb. 3.2). Die Big Five sind auch nützlich, um personenorientiert zu forschen (1.3), da aus *Big Five Profilen* (mittels Clusteranalysen) immer wieder *drei Typen* von Personen identifiziert wurden (Asendorpf et al. 2001; John und Srivastava 1999):

Tab. 3.1 Big Five

Deutsch	Englisch	Bedeutung	Adjektive (Auswahl)
Offenheit für Erfahrungen	*Openness Intellect Culture Fantasy*	Interesse an und Beschäftigung mit neuen Erlebnissen und Eindrücken	*intellektuell, schöngeistig, ideenreich, wissbegierig, fantasievoll, unkonventionell*
Gewissenhaftigkeit	*Conscientiousness*	Planung, Organisation und Durchführung von Aufgaben	*gewissenhaft, fleißig, pflichtbewusst, strukturiert, planend, selbstdiszipliniert*
Extraversion	*Extraversion Surgency*	Bedürfnis nach zwischenmenschlicher Interaktion, Stimulation und Freude	*herzlich, gesellig, dominant, energisch, enthusiastisch, heiter*
Soziale Verträglichkeit	*Agreeableness*	Einstellungen und Verhaltensweisen in sozialen Beziehungen	*freundlich, nett, entgegenkommend, harmoniebedürftig, bescheiden, gutherzig*
Neurotizismus	*Neuroticism*	Emotionale Empfindsamkeit bzw. Ansprechbarkeit	*ängstlich, nervös, reizbar, niedergeschlagen, launisch, verletzlich*

Abb. 3.3 Hierarchische Struktur der Big Five mit den Big Two und Big One Meta-Faktoren Facetten entstammen dem NEO-PI-R (Costa und McCrae 1992; Deutsch: Ostendorf und Angleitner 2003). (Quelle: Eigene Darstellung)

- Resiliente (v. a. emotional stabil + gewissenhaft)
- Überkontrollierte (v. a. neurotisch + introvertiert)
- Unterkontrollierte (v. a. nicht gewissenhaft, impulsiv)

Fähigkeiten

Fähigkeiten sind Eigenschaften, die eine *Leistung* ermöglichen. Sie definieren sich nicht durch typisches Verhalten (wie Traits), sondern durch maximale Leistung (*performance*). Das Ausmaß oder die Qualität der Leistung kann dabei nach gewissen Kriterien bewertet werden.

Intelligenz Intelligenz umfasst grob folgende Bereiche (Schmitt und Altstötter-Gleich 2010, S. 127):

- Aufnahme und effiziente Verarbeitung von Informationen
- Schnelles und akkurates Erkennen von Zusammenhängen
- Ableiten von Regeln/Gesetzmäßigkeiten aus Beobachtungen
- Kombination von Informationen und Regeln zur schnellen und effektiven Problemlösung

Die *Intelligenzmessung* geht auf Francis Galton zurück, der kognitive Leistungsfähigkeit durch so genannte „mental tests" in psychophysiologischen Laboren untersuchte. Sein Ansatz erwies sich jedoch als Sackgasse, da kaum Korrelationen der Tests untereinander bestanden oder die Tests Studienerfolg nicht vorhersagen konnten. Binet und Simon legten 1905 den ersten Intelligenztest vor, der Aufgaben für drei- bis 15-jährige Kinder enthielt. Ziel war ein standardisierter Test, der erlauben sollte, die Schuleignung von Kindern festzustellen. Der heutige Intelligenzquotient (IQ) geht auf Wechsler (1939) zurück und wird berechnet als: $IQ = 100 + 15 \times$ (in einem Test erreichter) z-Wert

Eine zentrale Frage der Intelligenzforschung ist die *Intelligenzstruktur*. Dabei wurden *nicht-hierarchische* und *hierarchische Strukturmodelle* vorgelegt (Taxonomien). Zumeist wird zwischen einem abstrakten *g-Faktor* (als generelle Informationsverarbeitungskapazität) und mehreren spezifischen Intelligenzfaktoren (z. B. verbal, numerisch etc.) unterschieden. Der g-Faktor zerfällt in „fluide" und „kristalline" Anteile. Die *fluide Intelligenz* bezeichnet das „Grundpotenzial" der kognitiven Informationsverarbeitung, welches nicht von gelernten Inhalten abhängig ist und tendenziell mit dem Alter abnimmt. Die *kristalline Intelligenz* umfasst erworbenes Wissen und nimmt tendenziell mit dem Alter zu.

Kompetenzen Der Intelligenzbegriff wurde auch auf non-kognitive Bereiche ausgeweitet (z. B. emotionale Intelligenz). Verschiedene non-kognitive „Intelligenzen" (Gardner 1999; Taxonomien) werden aus mehreren Gründen kritisch rezipiert. Oft wird der Begriff „Intelligenz" dann zu weit gefasst und dadurch schwammig. Ferner ist oft nicht klar, wie eine „Leistung" zu definieren oder bewerten wäre (z. B. bei emotionaler Intelligenz). Daher sind Messmethoden auch nicht richtig entwickelt und die empirische Befundlage i. A. eher dürftig. Es wäre besser, von *domänenspezifischen, non-kognitiven Kompetenzen* zu sprechen, die man erwerben und trainieren, aber evtl. nicht anhand von genormten „Leistungstests" quantifizieren kann.

3.3 Adaptationen

Charakteristische Adaptationen (Handlungsausrichtungen, Regulationssysteme, Haltungen, relationale Tendenzen) sind *kontextualisiert*, d. h. bezogen auf gewisse Zeiten, Umwelten oder soziale Rollen. Damit sind sie auch weniger zeitlich stabil und plastischer als Dispositionen (McAdams und Pals 2006). In der Literatur werden Adaptationen häufig als Dispositionen zugrunde liegende kognitive, affektive, motivationale und regulatorische Prozesse begriffen (Mischel und Shoda 1995).

Handlungsausrichtungen

Handlungsausrichtungen (Motive, Bedürfnisse, Ziele; Interessen; Überzeugungen) sind *dynamische Prozesse* hinter beobachtbaren Handlungen (=planvolles, zielgerichtetes Verhalten); sie initiieren, steuern und bewerten Handlungen. Während Traits angeben, *was* eine Person macht, geben Handlungsausrichtungen an, *warum und wofür* sie es macht.

Motive, Bedürfnisse, (langfristige) Ziele Hier geht es um einen *Ausgleich* eines tatsächlichen und/oder wahrgenommenen Ungleichgewichts oder Defizits (Was fehlt mir, was brauche ich?), wenn der Ist-Zustand nicht dem Soll-Zustand entspricht. Als energetisierende Antriebskräfte für Verhalten bestimmen sie folgende Faktoren (Puca und Langens 2008):

- Wahrnehmung: *Welche Stimuli werden selektiv/bevorzugt wahrgenommen?*
- Bewertung: *Welche Umweltreize werden zu Anreizen?*
- Affekt: *Worauf wird emotional reagiert?*
- Verhalten: *Wodurch wird Verhalten mit welcher Intensität und Dauer aktiviert?*

Bedürfnisse sind eher biogen (an physiologische Prozesse gekoppelt), während *Motive* psychogen sind (bezogen auf psychologische Variablen; Taxonomien). *Ziele* sind mindestens mittelfristig stabile kognitive Organisationsstrukturen, die eine überdauernde Ausrichtung auf das Erreichen eines mehr oder weniger konkret umschriebenen Endzustands gewährleisten.

Beispiele

Bedürfnis: *Hunger, Durst, Schlafen*
Motiv: *Streben nach Leistung, Macht, Anschluss*
Ziel: *Abschluss in Psychologie schaffen*

Interessen Interessen sind positive Bewertungen von Dingen oder Tätigkeiten. Sie sind u. a. durch die jeweilige Sozialisationsumgebung bestimmt und weisen eine starke kulturelle Verankerung auf. Bisher gibt es nur wenig DPP-Forschung zu Interessen; das bekannteste Modell entstammt aus der Angewandten Psychologie: Hollands (1973) RIASEC Berufsinteressen (Taxonomien).

Überzeugungen Überzeugungen sind generalisierte Ansichten und „Laientheorien" darüber, wie die Welt „funktioniert" (Saucier 2013). Sie können eine Mischung aus vernünftigen Annahmen, unverfälschten Beobachtungen (Erfahrungen) und Wunschdenken sein (Schmitt und Altstötter-Gleich 2010).

> **Beispiele**
>
> Optimismus vs. Pessimismus, Glaube an eine (un)gerechte Welt, naive Persönlichkeitstheorien

Nach Asendorpf (2011) umfassen Überzeugungen für das eigene Handeln (Handlungsüberzeugungen) drei zusammenhängende Aspekte:

- *Erwartungsstile*: Kognitive Schemata zu antizipierten (erwarteten) Ereignissen, Handlungen oder Konsequenzen
  (z. B. Handlungsoptimismus: Können meine Handlungen etwas bewirken?)
- *Kontrollstile*: Erwartungen, Handlungsfolgen selbst unter Kontrolle zu haben
  (z. B. internaler vs. externaler Locus of Control: Kann ich etwas kontrollieren oder sind es die Umstände, die mich kontrollieren?)
- *Attributionsstile*: Kausale Zuschreibungen von Effekten/Konsequenzen zu eigenen Handlungen
  (z. B. Erklärung von eigenen Handlungsergebnissen: Liegt eine gute Leistung an meiner Fähigkeit oder war es Zufall?)

Regulationssysteme
Regulationssysteme bezeichnen die Kapazität, Fähigkeit und/oder den Prozess, eigenes Erleben und Verhalten (Selbstregulation) sowie die Verarbeitung von Erlebnissen (Bewältigungsstile) effektiv zu kontrollieren.

Selbstregulation In der Literatur finden sich verschiedene Begriffe (z. B. *self-regulation, self-control, self-management, self-leadership, will-power*), die das Vorhandensein limitierter mentaler Ressourcen (z. B. exekutive Funktionen) zur Regulierung eigener intrapersoneller Prozesse betonen (Baumeister 2002). Diese Konzepte sind zwar verwandt, aber nicht äquivalent. Sie beruhen auf verschiedenen, teils unabhängig voneinander entstandenen Forschungssträngen, wie z. B.:

- Regulation eigener Emotionen (z. B. Gross)
- Zielgerichtetes Handeln in Lernprozessen (z. B. Bandura; Carver und Scheier)

- Belohnungsaufschub (*delay of gratification*; z. B. Mischel)
- Volitionale Handlungsvorbereitung (z. B. Kuhl)
- Selbstführung (z. B. Neck, Manz, Houghton)

Bewältigungsstile Diese bezeichnen den gewohnheitsmäßigen Umgang mit problematischen Ereignissen (inkl. dabei auftretender Gedanken und Gefühle) und sind v. a. für die Psychotherapie (z. B. Verhaltenstherapie) und Gesundheitspsychologie (z. B. Stressforschung) wichtig. Es gibt Hunderte von einzelnen Strategien (z. B. Humor, Verdrängung etc.), aber man kann diese nach ihren Funktionen (Was sollen sie erreichen?) einteilen (z. B. Aspinwall und Taylor 1997; Folkman und Moskowitz 2004):

- *Problem-focused*: Problem beseitigen
- *Emotion-focused*: Emotionen kontrollieren
- *Appraisal-focused*: Gedanken und Einstellungen verändern
- *Meaning-focused*: Bedeutung und Sinn aus misslicher Lage ziehen
- *Social coping*: Suchen von sozialer Unterstützung
- *Proactive coping*: Probleme antizipieren und vermeiden (durch Vorkehrungen)

Haltungen Haltungen (Einstellungen, Werte, Tugenden) bezeichnen, was Personen über andere Dinge denken und wie sie zu ihnen stehen. Sie bewerten also und formen wie sich Personen verhalten.

Einstellungen. Einstellungen bezeichnen den Grad der Zu- bzw. Abneigung einer Person gegenüber einem Objekt. Sie äußern sich in (a) Kognition (wie man über das Objekt denkt), (b) Emotion (wie positiv/negativ Gefühle gegenüber dem Objekt sind) und (c) Verhalten (wie man auf das Objekt reagiert). Einstellungsobjekte können dabei vielfältig sein (z. B. Selbst, Personen, Tiere, Dinge, Ideen etc.; 3.4). Obwohl Einstellungen recht stabil sind und so Verhalten vorhersagen, beschäftigt sich eher die Sozialpsychologie mit ihnen. Dort wird meist, in Anlehnung an *dual-processing models* aus der Kognitionspsychologie (Strack und Deutsch 2004), zwischen *expliziten Einstellungen* (bewusst repräsentiert, beruhend auf reflektiver Informationsverarbeitung, verbal ausdrückbar, sagen kontrolliertes Verhalten vorher) und *impliziten Einstellungen* (unbewusst repräsentiert, kaum abrufbar, beruhend auf impulsiver Informationsverarbeitung, sagen spontanes und automatisches Verhalten vorher) unterschieden.

Werthaltungen Werthaltungen (*values*) bezeichnen Grundsätze und Leitprinzipien, nach denen Personen ihr Verhalten ausrichten. Trotz ihrer sehr hohen Stabilität wurden Werthaltungen in der DPP eher vernachlässigt. Das bekannteste Verfahren zur Erhebung von Werthaltungen ist das Schwartz Value Inventory. Transkulturell lässt sich darin eine relativ gut replizierte Wertestruktur finden, in der über 50 Werte zu zehn Dimensionen zusammengefasst sind (Schwartz 1992; Taxonomien).

Tugenden Tugenden (*virtues, character strengths*) bezeichnen moralisierte Merkmale (im Verhalten manifestierte moralische Werthaltungen), welche (a) hoch geachtet sind, (b) dem Wohl anderer bzw. der Gesellschaft dienen und/oder (c) Stärken einer Person bezeichnen. Obwohl Tugenden eher in der Positiven Psychologie verankert sind (Peterson und Seligman 2004), keimt neuerdings so genannte *character research* in der DPP auf. Die Abfrage von Tugenden ist mit Fragebögen möglich, wie z. B. dem Values in Action Inventory of Strengths (VIA-IS), bei dem sechs Dimensionen unterschieden werden (Taxonomien).

Relationale Tendenzen

Relationale Tendenzen sind stabile Merkmale nicht „in" einem selbst oder anderen Personen, sondern „zwischen" zwei oder mehreren Personen bzw. der Umwelt einer Person:

* *Persönliche Umwelt*: Wie sieht meine Umwelt aus?
* *Persönliche Beziehungen*: Wie sehen meine Beziehungen aus?

Persönliche Umwelt Die persönliche Umwelt ist unsere *habituelle sozio-ökologische Nische*, d. h. wo und mit wem wir uns im täglichen Leben aufhalten. Individuelle Unterschiede gibt es dann bzgl. Häufigkeit und Dauer von Situationsexpositionen (Wie häufig und wie lange komme ich mit gewissen Situationen – z. B. Konflikten – in Kontakt?) oder „Spuren" von Persönlichkeit in der Umwelt (z. B. ein aufgeräumtes Büro als Indiz für Gewissenhaftigkeit; Gosling et al. 2002). Da Personen auch zielgerichtet ihre Umwelt selektieren und gestalten, können Persönlichkeit und Umwelt eine *Passung* erlangen (Ickes et al. 1997).

Persönliche Beziehungen Individuelle Unterschiede in Strukturen, Prozessen und Mechanismen *interpersoneller Beziehungen* (Back et al. 2011) gibt es zwischen zwei Menschen (Dyaden: z. B. Mutter-Kind, PartnerIn-PartnerIn) oder in Gruppen (z. B. Familie, Arbeitsgruppe). Dabei gibt es verschiedene Funktionen und Typen von Beziehungen zu anderen Personen (platonisch: Sympathie; sexuell/romantisch: Attraktivität, Partnerschaft, Bindung; formal/hierarchisch: Status, Prestige). Persönliche Beziehungen sind eine Funktion der *dynamischen Wechselwirkung* der Persönlichkeiten beider Bezugspersonen und ihrer gemeinsamen Beziehungsgeschichte. Sie bestehen als stabile Merkmale zwischen zwei (oder mehr) Personen auf mindestens zwei Ebenen:

* *Kognitionsebene*: Stabile Beziehungsschemata (wie man sich selbst, die andere Person und die Interaktionen sieht)
* *Verhaltensebene*: Stabile Interaktionsmuster

Individuelle Unterschiede in persönlichen Beziehungen finden sich z. B. in (a) Beziehungsstatus; (b) Beziehungsinitiation, Beziehungspflege, Beziehungsabbruch; (c) Beziehungsqualität und -zufriedenheit und (d) (soziometrischer) Status in Gruppen. Besonders gut erforscht sind individuelle Unterschiede in der *Quantität und Qualität von sexuellen und romantischen Beziehungen*:

- *short-term mating*: kurzfristig, eher sexuell, wechselnde PartnerInnen, oberflächlicher Umgang
- *long-term mating*: langfristig, eher romantisch, feste PartnerInnen, intime Bindung

Bei *short-term mating* ist eine zentrale Dimension die *Soziosexualität* (Penke und Asendorpf 2008), d. h. wie promiskuitiv (soziosexuell unrestriktiv) sich Personen verhalten (z. B. häufig Sex mit Fremden), wie offen ihre Einstellungen sind (z. B. aufgeschlossen für Sex ohne Liebe) und wie häufig sexuelle Fantasien über fremde Personen im Alltag vorkommen. Bei *long-term mating* gibt es verschiedene relevante Bereiche, wie z. B. (a) Liebesstile; (b) Bindungsstile und (c) Partnerschaftsqualität und -zufriedenheit. Dabei ist die DPP v. a. in der Bindungsforschung produktiv (Taxonomien). Eine *Bindung* ist eine sehr enge, emotional behaftete, persönlich wertvolle Beziehung zu einer Bezugsperson. Nach dynamisch-interaktionistischer Auffassung führen frühere bindungsrelevante Erfahrungen (z. B. mit einem/r früheren PartnerIn) zur Ausbildung eines Bindungsschemas, das weitere Erfahrungen z. T. mitbestimmt (z. B. welche/n neue/n PartnerIn man sucht und wie man sich ihr/ihm gegenüber verhält), aber auch durch neue Erfahrungen weiter differenziert wird (z. B. durch die/den neue/n PartnerIn).

3.4 Narrative

Narrative bezeichnen mehr oder weniger kohärente *Lebensgeschichten*, die Struktur, Richtung, Sinn und Bedeutung geben. Häufig ist damit die *Konstruktion des Selbst* sowie die *Lebensführung und -gestaltung* gemeint. Beides sind individuelle Prozesse, die einer Person ihre Einzigartigkeit verleihen.

Selbst
William James (1890) unterschied bereits zwischen zwei Aspekten des Selbst:

- Ich (*I*): Subjekt/Akteur/Urheber der eigenen Handlungen und eigenen Wissens („self as knower")
- Mich (*Me*): Objekt des eigenen Wissens („self as known")

Daraus entstand die Ableitung von mittlerweile über 80 *Selbst-Variablen* in der Sozialpsychologie (Thagard und Wood 2015). Viele davon sind als *Wissensstrukturen über uns selbst* repräsentiert und werden als *Selbstkonzepte* bezeichnet. Sie können verschiedene Inhaltsbereiche betreffen (z. B. Sport, Arbeit, Hobby), unterschiedliche Rollen umfassen (z. B. Tochter, Mutter, Großmutter) und sind häufig hierarchisch strukturiert (d. h., es gibt abstraktere und konkretere Selbstkonzepte, z. B. eines für Sportlichkeit i. A. und darin weitere für jede Sportart). Einstellungen zum und Bewertungen des Selbst (oder spezifischer Selbstkonzepte) bestimmen den *Selbstwert* (*self-esteem*), der generell/global oder bereichsspezifisch (z. B. bzgl. Mathematik, Sport) sein kann.

Die *narrative Identität* (*narrative identity*) wird als „Lebensgeschichte" einer Person autobiografisch über die Lebensspanne erstellt. Sie umfasst das (a) vergangene Selbst (Wie war ich einmal?), (b) momentane Selbst (Wie bin ich jetzt gerade?) und (c) zukünftige Selbst (Wie werde ich sein? Wie möchte ich sein?). Die Identität stiftet der Person Kohärenz, Sinn und Richtung im Leben (McAdams und Pals 2006).

Lebensführung

Die *Lebensführung* ist die Art und Weise, das eigene Leben zu gestalten (z. B. gewisse Umwelten aufsuchen, seine Lebenswege reflektieren, Chancen nutzen oder schaffen etc.). Individuelle Unterschiede treten dann u. a. auf in:

• Freiheiten, Motivationen und Fähigkeiten, sein Leben zu gestalten
• Physische und psychische Gesundheit (z. B. Lebenszufriedenheit)
• Sinn(stiftung), Bedeutung, Transzendenz, Spiritualität, Religiosität

Übersicht: Bekannte Taxonomien

Temperament

Buss und Plomin
Aktivität
Emotionalität
Soziabilität
Impulsivität

Cloninger et al.
Schadensvermeidung
Neugierverhalten
Belohnungsabhängigkeit
Beharrungsvermögen

Übersicht: Bekannte Taxonomien

Gray

Behavioral Activation System (BAS)

Behavioral Inhibition System (BIS)

Fight/Flight system (FFS)

Rothbart

Negative Emotionalität

Positive Emotionalität

Zurückhaltung

Strelau

Lebhaftigkeit

Beharrlichkeit

Sinnesempfindlichkeit

Emotionale Reaktivität

Ausdauer

Aktivität

Eigenschaften

Big Two

Agency/Dominance/Competence/Plasticity/Beta

Communion/Love/Warmth/Morality/Stability/Alpha

Big Five: OCEAN (z. B. John und Srivastava 1999) (Tab. 3.1)

Openness

Conscientiousness

Extraversion

Agreeableness

Neuroticism

Big Six: HEXACO (z. B Ashton und Lee 2007)

Honesty/Humility

Emotionality

Extraversion

Agreeableness

Conscientiousness

Openness

Big Seven (z. B. Waller 1999)

Big Five

Positive Valence

Negative Valence

Intelligenz

Spearman: Zwei-Faktoren

g=general mental ability („brain power")

s=specific mental abilities

Übersicht: Bekannte Taxonomien

Thurstone: Primary Mental Abilities

v = verbal comprehension

w = word fluency

n = number, computational ability

s = space/visuo-spatial imagination and thinking

m = memory

p = perceptual speed

r/i = reasoning/induction

Guilford: Structure of Intellect

Input (Inhalt)

Operations (Vorgang)

Output (Produkt)

Jäger (et al.): Berliner Intelligenz-Struktur-Modell

Operationen (Bearbeitungsgeschwindigkeit, Gedächtnis, Einfallsreichtum, Verarbeitungskapazität)

Inhalte (figural-bildhaft, verbal, numerisch)

Gardner

Sprachlich-linguistisch

Logisch-mathematisch

Musikalisch-rhythmisch

Bildlich-räumlich

Körperlich-kinästhetisch

Naturalistisch

Interpersonell

Intrapersonell

Existenziell-spirituell

Carroll: Three Stratum Theory

Stratum III: g-Faktor

Stratum II: fluide Intelligenz, kristalline Intelligenz, Verarbeitungsgeschwindigkeit

Stratum I: spezifische kognitive Fähigkeiten

Carroll (1993): Meta-Analyse über ca. 460 Datensätze von 1927–1987 (mit ca. N ≈ 130.000)

g-Faktor unterteilbar in 7 Faktoren

Fluide Intelligenz

Kristalline Intelligenz

Gedächtnis- und Lernfähigkeit

Visuelle Wahrnehmungsfähigkeit

Akustische Wahrnehmungsfähigkeit

Einfallsreichtum

Verarbeitungsgeschwindigkeit

Übersicht: Bekannte Taxonomien

Motive

„Big Three" of Motives (u. a. nach Murray)

Leistungsmotiv: need for achievement (nAch)

Anschlussmotiv: need for Affiliation (nAff)

Machtmotiv: need for Power (nPow)

Maslow: Bedürfnispyramide

Selbstverwirklichung

Ich-Bedürfnisse (z. B. nach Geltung)

Soziale Bedürfnisse (z. B. nach Freundschaft, Liebe)

Sicherheitsbedürfnisse

Physische Grundbedürfnisse

Interessen

Holland: RIASEC Berufsinteressen

Realistic (praktisch-technisch)

Investigative (intellektuell-forschend)

Artistic (künstlerisch-sprachlich)

Social (sozial)

Enterprising (unternehmerisch)

Conventional (konventionell)

Werte

Schwartz

Selbstbestimmung

Universalismus

Wohlwollen

Konformität

Tradition

Sicherheit

Macht

Leistung

Hedonismus

Stimulation

Tugenden

Values in Action Inventory of Strengths

Wisdom und Knowledge

Courage

Humanity

Justice

Temperance

Transcendence

Übersicht: Bekannte Taxonomien

Bindung

Ainsworth et al.; Main und Solomon: Bindungsstile bei Kindern

Sicher

Vermeidend

Ängstlich-ambivalent

Desorganisiert-desorientiert

George et al.: Adult Attachment Interview

Autonom-sicher

Unsicher-distanziert

Unsicher-verwickelt

Unverarbeitet

Hazan und Shaver: Partnerschaft

Sicher

Vermeidend

Ängstlich-ambivalent

Bartholomew: Partnerschaft

Sicher

Vermeidend: abweisend (dismissing)

Vermeidend: ängstlich (fearful)

Ängstlich-ambivalent = besitzergreifend (preoccupied)

Ansätze

4

Man kann grob vorwissenschaftliche von veralteten, klassischen und modernen wissenschaftlichen Ansätzen unterscheiden. In Letzteren gibt es jeweils verschiedene Paradigmen, welche aus „Bündeln" an Strömungen bestehen, die ähnlichen konzeptuellen Überlegungen und Methoden folgen. In der heutigen wissenschaftlichen DPP lassen sich acht Paradigmen unterscheiden (Tab. 4.1). Detaillierte Aufarbeitungen theoretischer Ansätze finden sich bei Rammsayer und Weber (2010) sowie Fisseni (2004).

4.1 Vorwissenschaftlich

Vorwissenschaftliche Ansätze basieren auf *Alltagspsychologie und Laientheorien* (Asendorpf & Neyer, 2012) und zeichnen sich v. a. dadurch aus, dass sie Personentypen (und nicht Merkmale) beschreiben und nicht auf einer systematischen, gesicherten Datenbasis beruhen. Sie finden sich schon in *früh-philosophischen Überlegungen* in der Antike zu Menschlichkeit und Individualität (z. B. Platon, Aristoteles) sowie Charakter und Menschentypen (z. B. Theophrast), aber auch in *astrologischen Deutungen* (z. B. schon im alten Ägypten). Dabei ging man oft *phänomenologisch* vor: Die Einzigartigkeit von Menschen soll anhand offenkundig beschreibbarer Tatsachen (z. B. Aussehen, Verhalten) erklärt werden. Solche Überlegungen wurden später mit *früh-medizinischem Wissen* verquickt (z. B. Hippokrates' und Galens Humorallehre über „Körpersäfte" und Temperamenttypen). Im Mittelalter und der frühen Neuzeit war es populär, *psychognostisch* vorzugehen, wobei von äußeren Zügen auf innere Wesenszüge (z. B. Intelligenz, Emotionalität) geschlossen wurde: so bei der *Psychognomik* (Gesicht), *Phrenologie* (Schädelform) und *Graphologie* (Schrift und Schreibverhalten).

© Springer Fachmedien Wiesbaden 2016
J. F. Rauthmann, *Grundlagen der Differentiellen und Persönlichkeitspsychologie*, essentials, DOI 10.1007/978-3-658-10840-3_4

Tab. 4.1 Paradigmen und Strömungen (Quelle: Eigene Darstellung)

Paradigmen	Strömungen	Kernpunkte	Bekannte Vertreter
Psychodynamisch	*Klassisch-psychoanalytisch*	Triebe, Unbewusstes, Entwicklungsphasen, Sexualität	Freud
	Neo-analytisch	Individualität, Selbst, Triebdynamik	Adler, Jung
	Bedürfnistheoretisch	Bedürfnisse, Motive	Murray, Maslow
	Schichtentheoretisch	Strukturelle Schichten der Persönlichkeit	Rothacker, Lersch
Lerntheoretisch	*Behavioristisch*	Reiz-Reaktion-Lernen, Konditionierung	Pavlov, Skinner
	Sozial-lerntheoretisch	Soziales Lernen, Imitation	Bandura, Rotter, Mischel
Humanistisch	*Neo-phänomenologisch*	Einzigartigkeit, Erlebensweisen, Erfahrungen	Stern, Spranger
	Existentialistisch	Existenz, Menschlichkeit	May
	Klassisch-humanistisch	Humanistische Psychologie, menschliche Strebungen und Potenziale	Frankl, Fromm, Maslow, Rogers
	Neo-humanistisch	Positive Psychologie, menschliches Wachstum und Stärke	Seligman, Decy & Ryan
Kognitiv	*Konstruktivistisch*	Wahrnehmungen, persönliche Konstrukte, Weltanschauungen	Lewin, Kelly
	Informationsverarbeitend	Intelligenz, explizite und implizite Informationsverarbeitung	Carroll, Gardner, Greenwald, Fazio

Tab. 4.1 (Fortsetzung)

Paradigmen	Strömungen	Kernpunkte	Bekannte Vertreter
Dispositional	*Trait-theoretisch*	Faktorenanalytisch gewonnene Eigenschaften	Goldberg, Digman, Costa, McCrae
	Selbst-theoretisch	Selbstbereiche, Selbstkonzept, Identität	Baumeister, McAdams
Biologisch	*Neurowissenschaftlich*	Anatomie, Neurologie, Physiologie, Biochemie, Endokrinologie	Cloninger, Eysenck, Gray, Zuckerman, DeYoung
	Genetisch	Verhaltensgenetik, Molekulargenetik, Epigenetik	Plomin, Spinath
	Evolutionstheoretisch	Evolution, Selektion, Reproduktion, Adaptation, Fitness	Buss, Penke
Transaktional	*Interaktionistisch*	Person-Umwelt Transaktionen, Konsistenz, Persönlichkeitsentwicklung, Kultur	Bandura, Caspi, Plomin, Rotter, Roberts, Markus & Kitayama
	Systemisch	Person-Systeme, Selbstorganisation, Attraktoren, Ordnungsparameter	Mischel & Shoda Haken
Postmodern	*Narrativ-biografisch*	Lebensführung, Lebensgeschichte, Autobiografie	McAdams, Thomae
	Fernöstlich	Spiritualität, Transzendenz, Buddhismus, Zen, Meditation, Achtsamkeit	Bildet sich noch heraus

Die meisten dieser Ansätze erwiesen sich als Sackgassen, aber konnten dennoch „wissenschaftlichere" Abkömmlinge verzeichnen, wie z. B. *morphologisch-konstitutionstypologische Ansätze* (Körperbau und Anatomie relevant für Persönlichkeit) und *ausdruckspsychologische Ansätze* (v. a. nonverbales Verhalten als Ausdruck von Persönlichkeit). Frühformen der letzten beiden Ansätze finden sich heutzutage teilweise in biologistischen Ansätzen wieder, müssen aber dennoch als wenig erfolgreich bewertet werden.

4.2 Veraltet

Das psychodynamische und lerntheoretische Paradigma sind bereits veraltet. Beide gehen von einem mechanistischen Menschenbild aus, betonen aber unterschiedliche Aspekte. Im *psychodynamischen Paradigma* waren v. a. Affekte und Motive in verschiedenen Instanzen des Ich/Selbst wichtig („Triebe"), da diese die Persönlichkeit bestimmen und Verhalten antreiben. Das *lerntheoretische Paradigma* betonte Reiz-Reaktion-Konstellationen sowie kognitive und soziale Lernprozesse, die Verhalten bestimmen. Beide Paradigmen hatten einen großen heuristischen Wert für die DPP, werden heutzutage aber kaum noch vertreten.

4.3 Klassisch

Das humanistische, kognitive und dispositionale Paradigma können mittlerweile als klassisch gelten, da sie die Basis für die meiste DPP-Forschung legten. Sie werden daher heute noch bedient, fließen aber eher in die modernen Paradigmen ein. Das *humanistische Paradigma* beschäftigt sich mit der Frage des Mensch-Seins und was eine funktionierende, reife Persönlichkeit sowie deren Einzigartigkeit ausmacht. Heutige humanistische Ansätze finden sich eher in der Positiven Psychologie und betonen Tugenden oder Identität (3.3, 3.4). Das *kognitive Paradigma* beleuchtet die Informationsverarbeitungsprozesse hinter Persönlichkeitsmerkmalen, v. a. was und wie Personen denken und wie sie ihre Welt erleben. Heutige kognitive Ansätze finden sich eher in der Intelligenzforschung sowie in der Kognitions- und Sozialpsychologie, die Einstellungen betrachten (3.3). Das *dispositionale Paradigma* betont zentrale, breite und eher abstrakt gefasste Merkmale von Personen, die entweder Traits darstellen (3.2) oder verschiedene Selbst-Bereiche betreffen (3.4). Die DPP wurde maßgeblich und nachhaltig durch dieses Paradigma geprägt (v. a. durch die Big Five). Häufig wird sie daher sogar mit einer „Eigenschaftspsychologie" gleichgesetzt, aber das wäre eine unzulässige Reduktion.

4.4 Modern

Das biologische, transaktionale und postmoderne Paradigma sind neuere Ansätze. Das *biologische Paradigma* betont biologische Strukturen und Prozesse, die entweder individuelle Unterschiedsvariablen darstellen (3.1) oder als zugrunde liegende „biologische Substrate" anderer Merkmale gelten. Dabei stehen v. a. (neuro-)physiologische Prozesse, Gene (Kap. 5) sowie die Evolution von Persönlichkeit(sunterschieden) im Fokus. Das *transaktionale Paradigma* beleuchtet dynamische Transaktionen zwischen Personen (samt Persönlichkeit) und ihren Umwelten. Dabei ist u. a. von Interesse, wie Gene und Umwelt (z. B. soziale Beziehungen, Kultur) bei der Persönlichkeitsentwicklung über die Lebensspanne zusammenspielen. Das *postmoderne Paradigma* bildet sich gerade erst heraus und ist (noch) uneinheitlich. Generell befasst es sich mit Themen, die in der mainstream DPP eher am Rande behandelt wurden: Lebensgeschichten (3.4) sowie fernöstliche Themen (z. B. Transzendenz, Zen).

Determinanten der Persönlichkeit

Um biologische und Umweltdeterminanten von Persönlichkeitsunterschieden zu erforschen, können zwei Formen von *Verhaltensgenetik* benutzt werden:

- Quantitativ: Schätzen von genetischen und umweltlichen Varianzquellen
- Molekular: Identifizieren spezifischer Gene bzw. Allele, die Geneinflüssen zugrunde liegen

Zwillings- und Adoptionsstudien können die relativen Anteile von Genen und Umwelt (Abb. 5.1) bei der Ausprägung und Entwicklung von Persönlichkeit unterscheiden (Bleidorn et al. 2014). Dazu wird die Varianz in gemessenen Persönlichkeitsmerkmalen (phänotypische Varianz) in verschiedene Quellen unterteilt (z. B. Genvarianz und Umweltvarianz).

Gene und Umwelt: Varianzquellen
Phänotypische Varianz V_P (gemessene Unterschiede zwischen verwandten Personen in einem Merkmal) wird grob zerlegt in verschiedene (relative) **Anteile von Genen (Genvarianz V_G)** und **Umwelten (Umweltvarianz V_U)**: $V_P = V_G + V_U$ Unterschiedliche Phänotypen entstehen durch unterschiedliche Genotypen und unterschiedliche Umwelten.
Erblichkeit (Heritabilität) beschreibt den Anteil genetischer Varianz an der phänotypischen Varianz.
Breite Heritabilität $H^2 = \dfrac{V_G}{V_P}$.

© Springer Fachmedien Wiesbaden 2016
J. F. Rauthmann, *Grundlagen der Differentiellen und Persönlichkeitspsychologie,*
essentials, DOI 10.1007/978-3-658-10840-3_5

Zerlegung der phänotypischen Varianz (V$_P$) in 9 Quellen

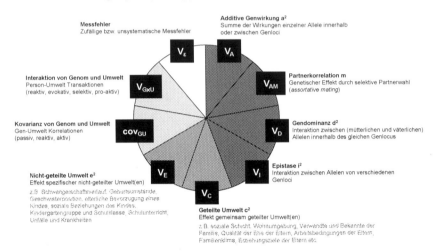

Abb. 5.1 Varianzquellen. (Quelle: Eigene Darstellung)

Da H^2 durch Messinstrumente und Stichproben (z. B. Alter, Kultur) beeinflusst ist, gilt (Riemann 2005; Spinath 2005): Eine (hohe) Erblichkeits*schätzung* eines Merkmals …

- ist nicht auf Einzelfälle übertragbar, sondern stets populationsbasiert definiert
- kann über verschiedene Populationen (z. B. Altersgruppen, Geschlecht, kulturelle Zugehörigkeit) variieren
- bedeutet nicht zwangsläufig, dass Unterschiede zwischen Populationen in diesem Merkmal auf genetische Faktoren zurückgehen
- ist unabhängig von der Stabilität sowie Veränderbarkeit des Merkmals (hat also keine Implikationen für beides)

Fast alle Persönlichkeitsbereiche sind zu ca. 50 % durch genetische und zu ca. 50 % durch Umwelteinflüsse bestimmt sind (Abb. 5.2). Über viele Studien hinweg (Bouchard und McGue 2003) zeichnet sich z. B. für die Erblichkeit H^2 der Big Five:

- Offenheit: 45–61 %
- Gewissenhaftigkeit: 38–53 %
- Extraversion: 49–57 %
- Verträglichkeit: 33–52 %
- Neurotizismus: 41–58 %

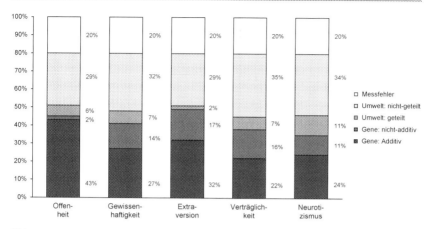

Abb. 5.2 Gen- und Umweltanteile bei den Big Five. (Die Daten beruhen auf Loehlin (1992), mit einer Nachberechnung von Asendorpf und Neyer (2014) mit der Annahme von 20 % Messfehler)

Die DPP ist nicht nur an der Quantifizierung genetischer Anteile interessiert (Abb. 5.2), sondern möchte auch konkrete Allele identifizieren, die Persönlichkeitsunterschieden zugrunde liegen. Molekulargenetische Untersuchungen lieferten aber bisher kaum replizierbare Evidenz für solche Allele. Da Persönlichkeit durch Gene *und* Umwelt bestimmt ist, widmete man sich – mit mehr Erfolg – *Gen-Umwelt-Korrelationen und Interaktionen* (Caspi et al. 2002).

Gen-Umwelt-Korrelationen und Interaktionen
Nach Plomin et al. (1977)
   Gen-Umwelt Korrelation:
   Bestimmte Genotypen sind überzufällig häufiger in bestimmten Umwelten anzutreffen.
   Passive Gen-Umwelt Korrelation:
   Wenn die Familienumwelt mit dem Genotyp der Eltern korreliert, so korreliert auch der Genotyp des Kindes mit der Familienumwelt (allein schon aufgrund der genetischen Verwandtschaft). Beispiel: Ein Kind, das in eine Familie mit hoher Intelligenz geboren wird, wird eher eine intelligenzfördernde Umgebung vorfinden.
   Reaktive Gen-Umwelt Korrelation:
   Individuen mit einem gewissen Genotyp evozieren von ihrer Umwelt Reaktionen, die mit dem Genotyp korrelieren. Beispiel: Andere nehmen

intelligentere Personen als „schlau" wahr, sodass diese ihnen mehr zutrauen und sie eher für Förderprogramme (z. B. Hochbegabtenförderung) empfehlen würden.

Aktive Gen-Umwelt Korrelation:
Individuen mit einem gewissen Genotyp suchen und schaffen sich aktiv mit dem Genotyp korrelierende Umwelten. Beispiel: Intelligentere Personen streben nach höherer Bildung (z. B. Studium, Zusatzausbildungen), was sie wiederum kognitiv wachsen lässt.

Nach Buss (1987), Scarr und McCartney (1983)

Gen-Umwelt Interaktion:
Systematische Beziehung zwischen Personen und Umwelten, sodass Umwelteinflüsse sich abhängig von Personen (mit bestimmten Genotypen) oder Geneinflüsse sich abhängig von Umwelteinflüssen anders entfalten.

Reaktiv:
Interpretation einer Umwelt Beispiel: Eine musikalische Person erkennt Rhythmen in Geräuschkulissen, wo andere keine Rhythmen hören.

Evokativ
Unbewusstes/unwillentliches Hervorrufen von Reaktionen anderer
Beispiel: Eine musikalische Person wird von anderen in ihrer Musikalität mehr gefördert, da diese sie für talentiert halten.

Selektiv:
Bewusstes/willentliches Aufsuchen vs. Meiden gewisser Umwelten
Beispiel: Eine musikalische Person geht auf eine Musikschule, um sich weiter in Musik ausbilden zu lassen.

Manipulatorisch/Pro-aktiv:
Bewusstes/willentliches Verändern, Schaffen und Gestalten gewisser Umwelten
Beispiel: Eine musikalische Person lässt Musik in ihren Alltag einfließen (z. B. pfeift, trommelt) und macht sich so das Leben „musikalischer".

Wichtige Forschungsbereiche 6

6.1 Vorhersagekraft von Persönlichkeit

Eine Fragestellung der DPP ist, inwiefern Persönlichkeit andere Variablen vorhersagen kann (Kap. 1.3). Ozer und Benet-Martínez (2006) unterscheiden drei Arten von „Konsequenzvariablen" (*outcomes*):

- *Intrapersonal*: z. B. physische und mentale Gesundheit, Psychopathologie, Langlebigkeit, Wohlbefinden, Glück(seligkeit)
- *Interpersonal*: z. B. Bilden und Bewahren von Beziehungen; Quantität und Qualität sozialer, kollegialer, freundschaftlicher, sexueller, romantischer, familialer Beziehungen
- *Sozial/gesellschaftlich*: z. B. Leistung, politisches Engagement, ehrenamtliche Tätigkeiten

Tabelle. 6.1 gibt einen Überblick darüber, welche Variablen die Big Five vorhersagen. Obwohl diese Relationen gut dokumentiert sind, wurde die Vorhersagekraft (*prädiktive Kriteriumsvalidität*; Kap. 2.2) von Persönlichkeit immer wieder infrage gestellt. Angeblich sage Persönlichkeit Verhalten „nur" zu max. $r = .30$ vorher (Mischel 1968), wobei .30 sogar als der „personality coefficient" in die Literatur einging. Jedoch ist .30 eigentlich recht hoch (Hemphill 2003) und sogar höher, als was man typischerweise erwarten dürfte (s. z. B. Richard et al. 2003 mit .21 für 100 Jahre sozialpsychologische Forschung mit über 25.000 Studien und acht Millionen Personen). Ferner sagen die Big Five z. B. Scheidung und berufliche Konsequenzen mindestens genauso gut vorher wie IQ und sozio-ökonomischer Status (Roberts et al. 2007).

© Springer Fachmedien Wiesbaden 2016
J. F. Rauthmann, *Grundlagen der Differentiellen und Persönlichkeitspsychologie,*
essentials, DOI 10.1007/978-3-658-10840-3_6

Tab. 6.1 Prädiktive Validität der Big Five. (Modifiziert aus Ozer und Benet-Martinez (2006), Roberts et al. (2007))

Big Five	Intrapersonal		Interpersonal		Gesellschaftlich	
	+	−	+	−	+	−
Neurotizismus	Angst Depression Psychopathologie	Wohlbefinden Humor Coping	Konflikt	Zufriedenheit		Engagement Erfolg
Extraversion	Wohlbefinden Coping Resilienz	Depression	Sympathie Attraktivität Status Sexualkontakte Zufriedenheit		Engagement Ehrenamt Führung	
Offenheit	Inspiration Substanzmissbrauch				Erfolg Artistisches	Autoritarismus
Verträglichkeit	Religiosität Vergebung	Herzkrankheit	Sympathie Freundschaft	Konflikt Scheidung	Soziales Ehrenamt	Kriminalität
Gewissenhaftigkeit	Gesundheit Langlebigkeit	Risikoverhalten Substanzmissbrauch	Zufriedenheit		Leistung Erfolg	Konservatismus Antisozialverhalten Kriminalität

+ Positive Korrelation, − Negative Korrelation

6.2 Stabilität und Veränderung

Konsistenz

Ein Grundpostulat für die Existenz von Persönlichkeit ist das Vorhandensein von *Konsistenz* im Erleben und Verhalten über verschiedene Messzeitpunkte (MZ) hinweg, denn Merkmale sollen ja „relativ stabil" sein (1.2). Grundsätzlich unterscheidet man zwei Arten von Konsistenz:

- *Interindividuelle Konsistenz*:
  - Unterschiede im Erleben und Verhalten *zwischen* Menschen bleiben über Situationen hinweg bestehen.
  - Beispiel: Person A ist gesprächiger als Person B in Situationen 1, 2, 3.

- *Intraindividuelle Konsistenz*:
  - Erleben und Verhalten ist innerhalb einer Person stabil.
  - Beispiel: Person A ist in Situationen 1, 2, 3 gleich gesprächig.

Persönlichkeit wird oft i. S. v. *stabilen* interindividuellen Unterschieden verstanden: Unterschiede zwischen Menschen bleiben über MZ hinweg erhalten. Erhebt man ein Merkmal (z. B. Extraversion) zu zwei MZ in der gleichen Stichprobe, so sollten die Rangfolgen der Personen auf dem Merkmal möglichst erhalten bleiben. Würde zu beiden MZ die Rangfolge perfekt erhalten bleiben, so gäbe es eine Korrelation von 1.0. Da Messungen mit Messfehlern behaftet sind und Persönlichkeit auch nicht perfekt stabil ist, ist eine solche Korrelation unrealistisch. Dennoch wurde die DPP in der *Person-Situation-Debatte* (Kap. 1.4) dafür kritisiert, dass Verhalten nicht genügend stabil und eher durch Situationen geformt sei (Mischel 1968). Es konnte jedoch mehrfach gezeigt werden (Fleeson und Noftle 2008a, b), dass (a) Verhalten über MZ recht stabil ist und (b) sowohl Persönlichkeit als auch Situationen Verhalten gut vorhersagen kann.

Erkenntnisse (nach Beendigung) der Person-Situation-Debatte
- Eigenschaften sind bedeutungsvoll und nützlich zum Vorhersagen von Verhalten und Lebensereignissen (Abschn. 6.1).
- Eigenschaften müssen nicht total transsituativ bzw. temporal stabil sein.
- Es gibt verschiedene Arten von „Stabilität", und jede kann andere Aussagen über Persönlichkeit treffen.
- Es kann interindividuelle Unterschiede in intraindividuellen Stabilitäten geben (z. B. sind manche Personen konsistenter als andere).

> • Persönlichkeit kann sich über die Lebensspanne systematisch verändern (reversibel oder irreversibel).
> • Persönlichkeit und Situationen sind komplex durch Person-Umwelt Transaktionen verwoben (Kap. 5).
> vgl. weiterführend: Fleeson und Noftle (2008a, b); Kenrick und Funder (1988)

Persönlichkeitsentwicklung

Transaktionale Ansätze (Kap. 4.4) gehen von langfristigen Veränderungen von Merkmalen aus – trotz mittelfristiger Stabilität. Persönlichkeitsentwicklung kann sich dabei in einer *Verstärkung oder Abschwächung* sowie *Stabilisierung oder Destabilisierung* von Merkmalen äußern. Dabei gibt es zwei Sichtweisen auf Entwicklungstrends:

- *Allgemeine Sichtweise*:
  Generelle (=normative) Persönlichkeitsveränderungen (durchschnittliche Entwicklungsverläufe)
- *Differentielle Sichtweise*:
  Interindividuelle Unterschiede in Persönlichkeitsveränderungen (individuelle Entwicklungsverläufe)

Individuelle Entwicklungsverläufe unterscheiden sich darin, *ob, wie stark, wann* und *wie lange* die Veränderung im Einzelfall auftritt und geben *differentielle Persönlichkeitsveränderungen* an. Bei *durchschnittlicher Persönlichkeitsveränderung* i. S. v. von *Mittelwertsveränderungen* (Bleiben Trait-Mittelwerte über Altersklassen hinweg gleich? McCrae et al. 2000; Roberts et al. 2006) wurde in Quer- und Längsschnittstudien herausgefunden, dass Gewissenhaftigkeit und Verträglichkeit über die Lebensspanne zunahmen, während Neurotizismus abnahm. Ferner liegt auch viel Forschung zur *Rangordnungsstabilität* vor (Bleiben Unterschiede zwischen Personen in einer Stichprobe über die Zeit hinweg erhalten?). Roberts und DelVecchio (2000) fanden in einer Meta-Analyse, dass diskontinuierlich (bis über 50 Jahre) eine Stabilisierung von Eigenschaften stattfand, mit Stabilitätszuwächsen bei ca. drei Jahren (Übergang zum Kindergartenalter), ca. 18 -Jahren (Verlassen des Elternhauses) und ab ca. 50 Jahren (eigene Kinder verlassen das Haus). Insbesondere sind Stabilitäten zwischen sechs und 18 Jahren geringer als später im Leben. Diese Ergebnisse sprechen dafür, dass Persönlichkeitsveränderungen fast *über die gesamte Lebensspanne* stattfinden.

Abgesehen von der Länge des Zeitintervalls und der Skalenreliabilität (lange Intervalle und unreliable Skalen liefern geringere Stabilitätsschätzungen) bestimmen verschiedene Prozesse *die Stabilisierung von Unterschieden zwischen Personen* (Asendorpf 2005).

5 Stabilisierungsprozesse

(1) Konstanz des Genoms

Das Genom ist recht stabil über die Lebensspanne (bis auf wenige Zellmutationen). Genetische Unterschiede bleiben somit stabil und können Persönlichkeitsunterschiede stabilisieren, v. a. wenn Eigenschaften z. T. durch genetische Unterschiede bedingt sind (Kap. 5).

(2) Stabilität von Umwelt(unterschieden)

Wenn es zu stabilen Umweltunterschieden zwischen Personen kommt, so können Umwelten Persönlichkeitsunterschiede stabilisieren.

(3) Kristallisierung von Gen- und Umwelteffekten

Gen- und Umwelteffekte können nachwirken oder sich akkumulieren, selbst wenn sie nicht mehr bestehen.

(4) Innere Stabilisierungstendenzen

Durch reaktive Person-Umwelt-Transaktionen kann es zu einer Stabilisierung kommen, da Personen Informationen aus der Umwelt verschiedentlich verarbeiten und so ihre „Realität" konstruieren.

(5) Person-Umwelt-Passung

Durch selektive und pro-aktive Person-Umwelt-Transaktionen schaffen und formen Personen sich persönlichkeitskongruente Umwelten, die zu ihnen passen und ihr Erleben und Verhalten nachhaltig stabilisieren.

Roberts und KollegInnen stellten in mehreren Publikationen ferner *sieben Prinzipien der Persönlichkeitsentwicklung* auf, die bisherige Ergebnisse erklären und v. a. die *Mechanismen* hinter der Entwicklung (das „Warum?") beleuchten sollten.

7 Prinzipien der Persönlichkeitsentwicklung

(1) Plasticity principle:

Veränderungen in Traits sind zu allen Altersstufen möglich in Abhängigkeit von der Umwelt.

(2) Cumulative continuity principle:

Rangordnungsstabilitäten von Traits nehmen mit dem Alter zu.

(3) Maturity Principle:
Personen werden mit dem Alter „reifer" (=sozial dominanter, verträglicher, gewissenhafter, emotional stabiler).

(4) Identity development principle:
Persönlichkeitsstabilisierung entsteht durch Verpflichtung zu einer stärker ausgebildeten Identität.

(5) Role continuity principle:
Persönlichkeitsstabilisierung entsteht durch konsistente soziale Rollen, die angenommen werden.

(6) Social investment principle:
Investieren in soziale Institutionen (z. B. auch altersabhängige soziale Rollen, wie Eltern werden) fördert Persönlichkeitsveränderungen.

(7) Corresponsive principle:
Traits führen zu Lebensereignissen und Erfahrungen, die wiederum diese Traits verstärken.

6.3   Persönlichkeitseinschätzung

Wir erfassen schnell und automatisch Eindrücke über andere (Haselton und Funder 2006). Dies ist evolutionär adaptiv für das Überleben, das soziale Miteinander und die Fortpflanzung (Wer ist die andere Person? Kann ich ihr vertrauen? Wie soll ich mich ihr gegenüber verhalten?). Diese Eindrücke enthalten v. a. die Beschreibung stabiler Merkmale, d. h., wir versuchen, Persönlichkeit einzuschätzen. Persönlichkeitseinschätzungen lassen sich in drei verschiedene Wahrnehmungsarten gliedern:

- *Selbstwahrnehmung*: Wie sehe ich mich selbst?
- *Fremdwahrnehmung*: Wie sehe ich eine andere Person?
- *Metawahrnehmung*: Wie glaube ich, dass mich andere sehen?

Ausgehend von diesen Wahrnehmungsarten unterschied Kenny (1994) verschiedene Fragen der interpersonellen Einschätzung (Abb. 6.1). Er legte ferner ein statistisches Modell vor, das *Social Relations Model (SRM)*, mit dem Varianz in Fremdwahrnehmungen zerlegt werden kann in (mindestens) drei Komponenten: perceiver (wie man Personen generell sieht), target (wie eine Person generel gesehen wird), und perceiver x target relationship (wie eine spezifische Person eine andere spezifische Person spezifisch sieht). So enthalten Trait-Einschätzungen typischerweise ca. 20 % Perceivervarianz, ca. 15 % Targetvarianz und ca. 20 % Relationshipvarianz (Back und Kenny 2010).

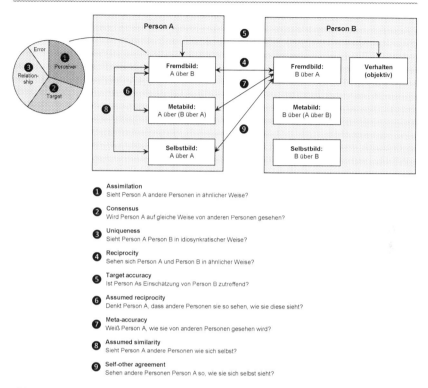

Abb. 6.1 Kennys Forschungsfragen. (Quelle: Eigene Darstellung)

Varianzkomponenten in Persönlichkeitseinschätzungen
Kenny (1994)
Perceiver
   Tendenz einer beurteilenden Person, andere Menschen zu sehen
Target
   Tendenz einer beurteilten Person, von anderen Menschen gesehen zu
werden
Relationship
   Wie die beurteilende Person spezifisch die beurteilte Person sieht

Die DPP ist am meisten an der *Akkuratheit von Persönlichkeitseinschätzungen* interessiert, welche oftmals als *Selbst-Fremd-Übereinstimmung* operationali-

Tab. 6.2 Selbst-Fremd-Übereinstimmungen bei den Big Five

Beurteiler	Extraversion	Gewissen-haftigkeit	Neurotizis-mus	Offenheit	Verträg-lichkeit	Gesamt
N (k)	28.957 (186)	23.907 (145)	27.341 (148)	20.036 (105)	22.389 (151)	
Gesamt	**.41**	**.37**	**.34**	**.34**	**.29**	**.35**
Familie	**.48**	**.42**	**.43**	**.43**	**.37**	**.43**
Freunde	**.40**	**.38**	**.33**	**.37**	**.29**	**.35**
Mitbe-wohner	**.38**	**.38**	**.32**	**.35**	**.26**	**.34**
Bekannte	**.34**	**.24**	**.17**	**.11**	**.17**	**.21**
Arbeits-kollegen	**.24**	**.18**	**.14**	**.20**	**.23**	**.20**
Fremde	**.22**	**.13**	**.08**	**.12**	**.09**	**.13**

N=gesamte Stichprobengröße, k=Anzahl an Studien
Angegeben sind attenuierte (meta-analytisch zusammengefasste) Korrelationen (*nicht* für Unreliabilität kontrolliert)

siert wird (d. h. inwiefern man eine Person so einschätzt, wie sie sich selbst einschätzt=Korrelation zwischen Selbst- und Fremdratings). In Connelly und Ones' (2010) Meta-Analyse wurden u. a. Selbst-Fremd-Übereinstimmungen in den Big Five in Abhängigkeit der beurteilenden Personen (z. B. Familie, Freunde, Fremde) betrachtet (Tab. 6.2). Über alle Beurteilergruppen und Traits hinweg ergab sich im Mittel r=.35, also eine moderate Korrelation zwischen Selbst- und Fremdratings.

Neben der Höhe der Akkuratheit (Abb. 6.1) soll auch erklärt werden, *warum* es zu Akkuratheit kommt. Dabei werden v. a. zwei Modelle genutzt. In Funders (1995) *Realistic Accuracy Model* sind akkurate Einschätzungen nur unter vier Bedingungen möglich, wenn eine Person eine andere Person auf einem Trait einschätzt: Akkuratheit=Relevance × Availability × Detection × Utilization. Auf der Target-Seite („Beurteilte") muss es Signale (*cues*) geben, die mit dem einzuschätzenden Trait assoziiert sind (*relevance*) und auch gezeigt werden, damit andere sie sehen könnten (*availability*). Auf der Judge-Seite („Beurteilende") müssen die Signale wahrgenommen (*detection*) und adäquat interpretiert werden (*utilization*). Bedenkt man, dass alle diese Schritte zusammenkommen müssen für eine akkurate Einschätzung, so sind die Werte in Tab. 6.2 relativ hoch.

In so genannten *Brunswikschen Linsenmodellen* (Nestler und Back 2013) kann man die Cues genauer beleuchten und erklären, die die Akkuratheit begünstigen (Abb. 6.2). Dabei sind Selbstbeurteilungen mit gewissen Cues assoziiert (*cue validity*) und gewisse Cues mit Fremdbeurteilungen (*cue utilization*). Valide und benutzte Cues sagen uns, warum und wie ein Trait eingeschätzt werden konnte. Cues lassen sich verschiedenen Kanälen zuordnen:

4 große Kanäle zur Persönlichkeitseinschätzung
1. **Verbal: „Inhalt" des Gesagten**
   Worte, Syntax, Grammatik
2. **Paraverbal: „Art und Weise" des Gesagten**
   Stimme (Qualität, Tonlage), Lautstärke, Intonation, Pausen, Dialekt
3. **Nonverbal: Was nicht durch Sprache übermittelt wird**
   - Okulesik (Blickverhalten)
   - Mimik (Gesichtsausdruck)
   - Gestik (Handbewegungen: Embleme, Adaptoren, Illustratoren, Manipulatoren)
   - Körperhaltung (Statik)
   - Körperbewegung (Kinesik)
   - Ganzkörperliches Zusammenspiel (Pantomimik)
   - Nähe, Berührung und Distanzzonenregelung (Proximität, Proxemik)
4. **Extraverbal**
   Geruch, Temperatur, Chronesik (Zeitmanagement/-verhalten), Kleidung, Aussehen (z. B. Styling, Frisur etc.), Gestaltung der Umwelt (z. B. Zimmer) etc.

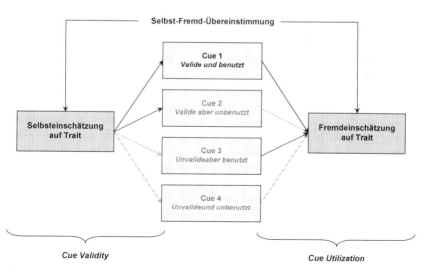

Abb. 6.2 Veranschaulichung eines Linsenmodells. (Quelle: Eigene Darstellung)

Einigermaßen akkurate Persönlichkeitseinschätzungen lassen sich aus einer Vielzahl von statischen und dynamischen Cues gewinnen:

- *Statische Cues*: z. B. aufgeschriebene Gedankenausschnitte, Aussehen (z. B. auf Fotos), Kleidung, Büros und Schlafzimmer, Musikpräferenzen, persönliche Websites (z. B. Facebook, Twitter), text-basierte persönliche Kommunikation (z. B. Chats, SMS, E-Mails), (Spitz-)Namen, E-Mail-Adressen, Geruch, kreative Kurzgeschichten, Kleidung, Schuhe
- *Dynamische Cues*: z. B. Gespräche und Interaktionen mit anderen (in realen Treffen oder von Videoaufnahmen), Bewegungen (inkl. Tanzen)

6.4 Persönlichkeit und Kultur

Menschen sind beständig in *Umwelten* eingebettet, bestehend aus:

- *Ökologie*: Natürlicher Lebensraum (z. B. Klima, Geografie, Fauna, Flora etc.)
- *Kultur*: Von Menschen hergestellte Umweltteile (z. B. Sprachen, Normen, Werte, Wissen, soziale und politische Strukturen, Institutionen, Architektur etc.), welche von Kulturangehörigen als geteilte, emotional verankerte und mehr oder weniger heterogene Deutungssysteme verstanden werden

Die DPP interessiert sich mehr für Kultur als für Ökologie und fokussiert u. a. zwei große Fragen:

1. Inwiefern sind Persönlichkeitsstrukturen und -prozesse invariant über Kulturen hinweg?
2. Wie hängen Persönlichkeit und individuelle Unterschiede mit Kulturmerkmalen zusammen?

Diese Fragen können von zwei Blickwinkeln aus betrachtet werden, die unterschiedlich mit der Problematik des Vergleichs verschiedener Kulturen (und dessen Zulässigkeit) umgehen (Trommsdorff und Mayer 2005):

> **2 Zugänge zur Kulturforschung**
> **Kulturvergleichender Ansatz: etischer Ansatz**
>   Betonung von Universalien über Kulturen hinweg
> **Kulturpsychologischer Ansatz: emischer Ansatz**
>   Analyse kulturspezifischer Besonderheiten

Invarianz von Persönlichkeitsstrukturen und -prozessen

Kulturelle Unterschiede können sich dahingehend ergeben, ob (a) zwar die gleichen Strukturen und Prozesse vorhanden sind, diese sich aber nur in ihren relativen Ausprägungen unterscheiden (Mittelwertsdifferenzen), oder (b) es fundamental verschiedene Strukturen und Prozesse gibt. Letzteres wäre problematisch, denn dann wären jegliche Vergleiche zwischen Kulturen unzulässig. Die meiste Forschung hat ergeben, dass es zwar gewisse Kulturspezifika gibt (Triandis und Suh 2002), aber generell eher Mittelwertsdifferenzen vorherrschen, v. a. in den Big Five. Dennoch gibt es Studien, die an der Universalität der Big Five zweifeln lassen und andere (aber ähnliche) Faktoren finden (de Raad et al. 2014; Saucier et al. 2014).

Persönlichkeit und kulturelle Faktoren

Da die DPP nicht nur Personen, sondern auch Gruppen vergleicht (Kap. 1.3), liegt es nahe, dass auch ganze Kulturen beschrieben und verglichen werden könnten. Dabei finden sich immer wieder zwei Faktoren (Hofstede 2001; Triandis 1995):

- *Individualismus*: Handeln dient dem Erreichen eigener Ziele
- *Kollektivismus*: Handeln dient dem Erreichen der Ziele der eigenen In-Gruppe

Individualismus/Kollektivismus auf der Kulturebene kann auch persönlichkeitsbezogen auf der Individualebene wirksam sein (Markus und Kitayama 1991, 2010), da z. B. kulturelle Normen Sozialisationsmuster bilden, die die Persönlichkeitsentwicklung beeinflussen. In individualistischen Kulturen werden eher *idiozentrische* (selbstorientierte) und in kollektivistischen eher *allozentrische* (sozialorientierte) Merkmale (z. B. Einstellungen, Werte) bestärkt. Somit kann es durch kulturelle Faktoren in gewissen Merkmalen zu Mittelwertsdifferenzen zwischen Kulturen kommen.

Was Sie aus diesem Essential mitnehmen können

- Zurechtfinden in der DPP
- Methodik
- Persönlichkeitsbereiche
- Ansätze der Persönlichkeitsforschung
- Aktuelle Forschungsfragen

Weiterführende Literatur

Wenn Sie mehr über die DPP wissen wollen, so finden Sie hier eine alphabetisch sortierte Auflistung umfassenderer Lehrbücher. Viel Spaß beim Entdecken und Vertiefen!

Autorinnen	Asendorpf Neyer	Asendorpf	Herzberg Roth	Kehl	Leux	Maltby Day Macaskin	Rummsayur Weber	Schmid Altstötter-Gleich	Stammer Hagemann Amelang Bartussek	Weber Rammsayur
Verlag	Springer	Springer	Springer VS	Hogrefe	Kohlhammer	Pearson	Hogrefe	Beltz	Kohlhammer	Hogrefe
Auflage (Jahr)	5. (2012)	2. (2011)	1. (2014)	1. (2009)	2. (2007)	2. (2011)	1. (2010)	1. (2010)	7. (2010)	1. (2011)
Seiten	455	207	180	584	356	1072	271	199	648	289

J. F. Rauthmann, *Grundlagen der Differentiellen und Persönlichkeitspsychologie*, essentials, DOI 10.1007/978-3-658-10840-3

Weitere Informationen zur DPP

Fachzeitschriften
- *Journal of Personality and Social Psychology*
- *Personality and Social Psychology Review*
- *Personality and Social Psychology Bulletin*
- *Journal of Personality*
- *European Journal of Personality*
- *Journal of Research in Personality*
- *Personality and Individual Differences*
- *Social Psychological and Personality Science*
- *Journal of Individual Differences*
- *Social Behavior and Personality*
- *Individual Differences Research*
- *International Journal of Personality Psychology*
- *Frontiers: Journal of Social and Personality Science*
- *Journal of Personality Assessment*
- *Journal of Personality Disorders*
- *Learning and Individual Differences*
- *Intelligence*
- *Diagnostica*

Fachgesellschaften
- *Fachgruppe Differentielle Psychologie, Persönlichkeitspsychologie und Psychologische Diagnostik (DPPD)*
- *Society for Personality and Social Psychology (SPSP)*
- *Association for Research in Personality (ARP)*
- *European Association of Personality Psychology (EAPP)*
- *The International Society for the Study of Individual Differences (ISSID)*
- *Individual Differences Association (IDA)*
- *Society for Personality Assessment (SPA)*

Websites

- www.personality-project.org
- www.personalitypedagogy.arcadia.edu/ – *Lehrmaterialienkompendium*
- www.ipip.ori.org – *Zusammenstellung diverser (engl.) Items und Skalen*
- www.gesis.org/unser-angebot/daten-erheben/zis/ – *Deutsche Skalen*

Literatur

Allik, J. (2013). Personality psychology in the first decade of the new millenium: A biblio-metric portrait. *European Journal of Personality, 27,* 5–14.

Allport, G. (1961). *Pattern and growth in personality.* New York: Holt.

Allport, G., & Odbert, H. (1936). Trait names: A psycho-lexical study. *Psychological Monographs, 47,* 2.

Asendorpf, J. (2005). Persönlichkeit: Stabilität und Veränderung. In H. Weber & T. Rammsayer (Hrsg.), *Handbuch der Persönlichkeitspsychologie und Differentiellen Psychologie* (S. 15–26). Göttingen: Hogrefe.

Asendorpf, J. (2011). *Persönlichkeitspsychologie – für Bachelor.* Heidelberg: Springer Verlag.

Asendorpf, J., & Neyer, F. (2012). *Psychologie der Persönlichkeit* (5. Aufl.). Heidelberg: Springer.

Asendorpf, J., Borkenau, P., Ostendorf, F., & van Aken, M. (2001). Carving personality description at its joints: Confirmation of three replicable personality prototypes for both children and adults. *European Journal of Personality, 15,* 169–198.

Ashton, M., & Lee, K. (2007). Empirical, theoretical, and practical advantages of the HE-XACO model of personality structure. *Personality and Social Psychology Review, 11,* 150–166.

Aspinwall, L., & Taylor, S. (1997). A stitch in time: Self-regulation and proactive coping. *Psychological Bulletin, 121,* 417–436.

Back, M., & Kenny, D. (2010). The social relations model: How to understand dyadic processes. *Social and Personality Psychology Compass, 4,* 855–870.

Back, M., Baumert, A., Denissen, J., Hartung, F.-M., Penke, L., Schmukle, S., Schönbrodt, F., Schröder-Abé, M., Vollmann, M., Wagner, J., & Wrzus, C. (2011). PERSOC: A unified framework for understanding the dynamic interplay of personality and social relationships. *European Journal of Personality, 25,* 90–107.

Baumeister, R. (2002). Ego depletion and self-control failure: An energy model and the self's executive function. *Self and Identity, 1,* 129–136.

Benet-Martinez, V., Donnellan, M., Fleeson, W., Fraley, R., Gosling, S., King, L., Robins, R., & Funder, D. (2015). Six visions for the future of personality psychology. In M. Mikulencer & R. Larsen (Hrsg.), *APA handbook of personality and social psychology.* Washington, DC: American Psychologcial Association.

© Springer Fachmedien Wiesbaden 2016
J. F. Rauthmann, *Grundlagen der Differentiellen und Persönlichkeitspsychologie,*
essentials, DOI 10.1007/978-3-658-10840-3

Bleidorn, W., Kandler, C., & Caspi, A. (2014). The behavioral genetics of personality development in adulthood – Classic, contemporary, and future trends. *European Journal of Personality, 28,* 244–255.

Bouchard, T. Jr., & McGue, M. (2003). Genetic and environmental influences on human psychological differences. *Journal of Neurobiology, 54,* 4–45.

Bühner, M. (2010). *Einführung in die Test- und Fragebogenkonstruktion* (3. Aufl.). München: Pearson-Education.

Buss, D. (1987). Selection, evocation, and manipulation. *Journal of Personality and Social Psychology, 53,* 1214–1221.

Carroll, J. (1993). *Human cognitive abilities: A survey of factor-analytic studies.* New York: Cambridge University Press.

Caspi, A., McClay, J., Moffitt, T., et al. (2002). Role of genotype in the cycle of violence in maltreated children. *Science, 297,* 851–854.

Cattell, R. (1952). The three basic factor-analytic designs: Their interrelations and derivatives. *Psychological Bulletin, 49,* 499–520.

Costa, P. Jr., & McCrae, R. (1992). *Revised NEO Personality Inventory (NEO-PI-R) and NEO Five-Factor Inventory (NEO-FFI) professional manual.* Odessa: Psychological Assessment Resources.

Cronbach, L., & Meehl, P. (1955). Construct validity in psychological tests. *Psychological Bulletin, 52,* 281–302.

De Raad, B., Barelds, D., Timmerman, M., et al. (2014). Towards a pan-cultural personality structure: Input from 11 psycholexical studies. *European Journal of Personality, 28,* 497–510.

DeYoung, C., Quilty, L., & Peterson, J. (2007). Between facets and domains: 10 aspects of the Big Five, *Journal of Personality and Social Psychology, 93,* 880–896.

Digman, J. (1997). Higher-order factors of the Big Five. *Journal of Personality and Social Psychology, 73,* 1246–1256.

Fisseni, H.-J. (2004). *Persönlichkeitspsychologie: auf der Suche nach einer Wissenschaft; ein Theorienüberblick.* Göttingen: Hogrefe.

Fleeson, W. (2001). Toward a structure- and process-integrated view of personality: Traits as density distributions of states. *Journal of Personality and Social Psychology, 80,* 1011–1027.

Fleeson, W. (2012). Perspectives on the person: Rapid growth and opportunities for integration. In K. Deaux & M. Snyder (Hrsg.), *The Oxford handbook of personality and social psychology* (S. 33–63). New York: Oxford University Press.

Fleeson, W., & Noftle, E. (2008a). Where does personality have its influence? A supermatrix of consistency concepts. *Journal of Personality, 76,* 1355–1385.

Fleeson, W., & Noftle, E. (2008b). The end of the person-situation debate: An emerging synthesis in the answer to the consistency question. *Social and Personality Psychology Compass, 2,* 1667–1684.

Folkman, S., & Moskowitz, J. (2004). Coping: Pitfalls and promise. *Annual Review of Psychology, 55,* 745–774.

Funder, D. (1995). On the accuracy of personality judgment: A realistic approach. *Psychological Review, 102,* 652–670.

Gardner, H. (1999). *Intelligence reframed: Multiple intelligences for the 21st century.* New York: Basic Books.

Goldberg, L. (1990). An alternative „description of personality": The Big Five factor structure. *Journal of Personality and Social Psychology, 59*, 1216–1229.

Gosling, S., Ko, S., Mannarelli, T., & Morris, M. (2002). A room with a cue: Personality judgments based on offices and bedrooms. *Journal of Personality and Social Psychology, 82*, 379–398.

Haggbloom, S., Warnick, R., Warnick, J., et al. (2002). The 100 most eminent psychologists of the 20th century. *Review of General Psychology, 6*, 139–152.

Haselton, M., & Funder, D. (2006). The evolution of accuracy and bias in social judgment. In M. Schaller, J. Simpson, & D. Kenrick (Hrsg.), *Evolution and social psychology* (S. 15–38). New York: Psychology Pres. [*Frontiers of Social Psychology* series.]

Hemphill, J. (2003). Interpreting the magnitudes of correlation coefficients. *American Psychologist, 58*, 78–79.

Hofstede, G. (2001). *Culture's consequences: Comparing values, behaviors, institutions, and organizations across nations* (2. Aufl.). Thousand Oaks: Sage.

Holland, J. (1973). *Making vocational choices: A theory of careers.* Englewood Cliffs: Prentice-Hall.

Ickes, W., Snyder, M., & Garcia, S. (1997). Personality influence on the choice of situations. In R. Hogan, J. Johnson, & S. Briggs (Hrsg.), *Handbook of personality psychology* (S. 165–195). New York: Academic Press.

James, W. (1890). *The principles of psychology.* New York: H. Holt and Company.

John, O., & Srivastava, S. (1999). The Big Five Trait taxonomy: History, measurement, and theoretical perspectives. In L. Pervin & O. John (Hrsg.), *Handbook of personality: Theory and research* (S. 102–139). New York: Guilford Press.

Kenny, D. (1994). *Interpersonal perception: A social relations analysis.* New York: Guilford

Kenrick, D., & Funder, D. (1988). Profiting from controversy: Lessons from the person-situation debate. *American Psychologist, 43*, 23–34.

Markus, H., & Kitayama, S. (1991). Culture and the self: Implications for cognition, emotion, and motivation. *Psychological Review, 98*, 224–253.

Markus, H., & Kitayama, S. (2010). Culture and self: A cycle of mutual constitution. *Perspectives on Psychological Science, 5*, 420–430.

McAdams, D., & Pals, J. (2006). A new Big Five: Fundamental principles for an integrative science of personality. *American Psychologist, 61*, 204–217.

McCrae, R., Costa, P. Jr., Ostendorf, F., Angleitner, A., et al. (2000). Nature over nurture: Temperament, personality, and lifespan development. *Journal of Personality and Social Psychology, 78*, 173–186.

Mischel, W. (1968). *Personality and assessment.* London: Wiley.

Mischel, W., & Shoda, Y. (1995). A cognitive-affective system theory of personality: Reconceptualizing situations, dispositions, dynamics, and invariance in personality structure. *Psychological Review, 102*, 246–268.

Musek, J. (2007). A general factor of personality: Evidence for the Big One in the five-factor model. *Journal of Research in Personality, 41*, 1213–1233.

Nestler, S., & Back, M. (2013). Applications and extensions of the lens model to understand interpersonal judgments at zero acquaintance. *Current Directions in Psychological Science, 22*, 374–379.

Ostendorf, F., & Angleitner, A. (2003). *NEO-Persönlichkeitsinventar nach Costa und McCrae, Revidierte Fassung (NEO-PI-R).* Manual. Göttingen: Hogrefe.

Ozer, D., & Benet-Martínez, V. (2006). Personality and the prediction of consequential outcomes. *Annual Review of Psychology, 57*, 401–421.

Pawlik, K. (1996). *Differentielle Psychologie und Persönlichkeitsforschung: Grundbegriffe, Fragestellungen, Systematik.* In K. Pawlik (Hrsg.), *Grundlagen und Methoden der Differentiellen Psychologie* (S. 3–30). Göttingen: Hogrefe.

Penke, L., & Asendorpf, J. B. (2008). Beyond global sociosexual orientations: A more differentiated look at sociosexuality and its effects on courtship and romantic relationships. *Journal of Personality and Social Psychology, 95*, 1113–1135.

Peterson, C., & Seligman, M. (2004). *Character strengths and virtues: A classification and handbook.* New York: Oxford University Press. (Washington, DC: American Psychological Association).

Plomin, R., DeFries, J., & Loehlin, J. (1977). Genotype-environment Interaction and Correlation in the Analysis of Human Behavior. *Psychological Bulletin, 84*, 309–322.

Puca, R., & Langens, T. (2008). Motivation. In J. Müsseler (Hrsg.), *Lehrbuch der Allgemeinen Psychologie* (2. Aufl., S. 190–229). Heidelberg: Spektrum.

Rammsayer, T., & Weber, H. (2010). *Differentielle Psychologie Persönlichkeitstheorien.* Göttingen: Hogrefe.

Revelle, W. (1995). Personality processes. *Annual Review of Psychology, 46*, 295–328.

Richard, F., Bond, C., & Stokes-Zoota, J. (2003). One hundred years of social psychology quantitatively described. *Review of General Psychology, 7*, 331–363

Riemann, R. (2005). Zwillings- und Adoptionsstudien. In H. Weber (Hrsg.), *Handbuch der Persönlichkeitspsychologie und Differentiellen Psychologie* (S. 205–212). Göttingen: Hogrefe.

Roberts, B., & DelVecchio, W. (2000). The rank-order consistency of personality traits from childhood to old age: A quantitative review of longitudinal studies. *Psychological Bulletin, 126*, 3–25.

Roberts, B., Walton, K., & Viechtbauer, W. (2006). Patterns of mean-level change in personality traits across the life course: A meta-analysis of longitudinal studies. *Psychological Bulletin, 132*, 1–25.

Roberts, B., Kuncel, N., Shiner, R., Caspi, A., & Goldberg, L. (2007). The power of personality: The comparative validity of personality traits, socio-economic status, and cognitive ability for predicting important life outcomes. *Perspectives in Psychological Science, 2*, 313–345.

Saucier, G. (2003). An alternative multi-language structure for personality attributes. *European Journal of Personality, 17*, 179–205.

Saucier, G. (2013). Isms dimensions: Toward a more comprehensive and integrative model of belief-system components. *Journal of Personality and Social Psychology, 104*, 921–939.

Saucier, G., Thalmayer, A. G., Payne, D., et al. (2014). A basic bivariate structure of personality attributes evident across nine languages. *Journal of Personality, 82*, 1–14.

Scarr, S., & McCartney, K. (1983). How people make their own environments: A theory of genotype greater than environment effects. *Child Development, 54*, 424–435.

Schmitt, M., & Altstötter-Gleich, C. (2010). *Differentielle Psychologie und Persönlichkeitspsychologie.* Weinheim: Beltz Psychologie Verlags Union.

Schwartz, S. (1992). Universals in the content and structure of values: Theory and empirical tests in 20 countries. In M. Zanna (Hrsg.), *Advances in experimental social psychology* (Bd. 25, S. 1–65). New York: Academic Press.

Spinath, F. (2005). Verhaltensgenetik. In H. Weber & T. Rammsayer (Hrsg.), *Handbuch der Persönlichkeitspsychologie und Differentiellen Psychologie* (S. 193–204). Göttingen: Hogrefe.

Stern, W. (1911). *Die differentielle Psychologie in ihren methodischen Grundlagen.* Leipzig: Barth.

Strack, F., & Deutsch, R. (2004). Reflective and impulsive determinants of social behavior. *Personality and Social Psychology Review, 8,* 220–247.

Strelau, J., & Angleitner, A. (1991). Temperament research: some divergences and similarities. In J. Strelau & A. Angleitner (Hrsg.), *Perspectives on individual differences. Explorations in temperament* (S. 1–12). New York: Plenum Pr.

Thagard, P., & Wood, J. (2015). Eighty phenomena about the self: Representation, evaluation, regulation, and change. *Frontiers in Psychology, 6,* 334.

Tracy, J., Robins, R., & Sherman, J. (2009). The practice of psychological science: Searching for Cronbach's two streams in Social-Personality Psychology. *Journal of Personality and Social Psychology, 96,* 1206–1225.

Triandis, H. (1995). *Individualism and collectivism.* Boulder: Westview Press.

Triandis, H., & Suh, E. (2002). Cultural influences on personality. *Annual Review of Psychology, 53,* 133–160.

Trommsdorff, G., & Mayer, B. (2005). Kulturvergleichende Ansätze. In H. Weber & T. Rammsayer (Hrsg.), *Handbuch der Persönlichkeitspsychologie und Differentiellen Psychologie* (S. 220–228). Göttingen: Hogrefe.

Vazire, S. (2010). Who knows what about a person? The Self-Other Knowledge Asymmetry (SOKA) model. *Journal of Personality and Social Psychology, 98,* 281–300.

Waller, N. (1999). Evaluating the structure of personality. In C. R. Cloninger (Hrsg.), *Personality and psychopathology* (S. 155–197). Washington, DC: American Psychiatric Press.

Wechsler, D. (1939). *The measurement of adult intelligence.* Baltimore: Williams & Witkins.

Wilt, J., & Revelle, W. (2015). Affect, behavior, cognition and desire in the big 5: An analysis of item content and structure. *European Journal of Personality.*

Wood, D. (2015). Testing the lexical hypothesis: Are socially important traits more densely reflected in the English lexicon? *Journal of Personality and Social Psychology, 108,* 317–335.

Yang, Y., & Chiu, C. (2009). Mapping the structure and dynamics of psychological knowledge: Forty years of APA journal citations (1970–2009). *Review of General Psychology, 13,* 349–356.

Printed in the United States
By Bookmasters